城郊新农村建设丛书

城郊农村如何搞好人民调解

李　刚　编著

金盾出版社

内　容　提　要

本书为“城郊新农村建设丛书”的一个分册。针对城郊农村民间纠纷特点及人民调解工作的实际情况，详细介绍了人民调解的基本制度，人民调解员的权利、义务和素质，调解的方法和技巧等问题，力求给工作在城郊人民调解第一线的同志以必要的指导。本书语言简明而通俗，内容紧密结合城郊农村人民调解工作实际，具有较高的可读性和较强的可操作性。适合城郊农村人民调解工作者及村、乡(镇)、县(区)有关领导、业务干部阅读，对于热心于新农村建设的农民群众及工作在其他领域的人民调解工作者也有一定的参考价值。

图书在版编目(CIP)数据

城郊农村如何搞好人民调解/李刚编著．—北京：金盾出版社，2006.3

(城郊新农村建设丛书)

ISBN 978-7-5082-3950-7

Ⅰ.城…　Ⅱ.李…　Ⅲ.民事纠纷-调解(诉讼法)-基本知识-中国　Ⅳ.D925.114.1

中国版本图书馆 CIP 数据核字(2006)第 009948 号

金盾出版社出版、总发行

北京太平路5号(地铁万寿路站往南)

邮政编码：100036　电话：68214039　83219215

传真：68276683　网址：www.jdcbs.cn

封面印刷：北京精美彩印有限公司

正文印刷：双峰印刷装订有限公司

装订：双峰印刷装订有限公司

各地新华书店经销

开本：850×1168 1/32　印张：4.75　字数：116千字

2012年6月第1版第5次印刷

印数：33001～41 000册　定价：9.00元

城郊新农村建设丛书编委会

序

全面建设小康社会重点在农村，难点也在农村。党中央审时度势、高屋建瓴，适时提出了建设社会主义新农村的重大历史任务。党的十六届五中全会提出社会主义新农村建设的宏伟目标是：生产发展、生活宽裕、乡风文明、村容整洁、管理民主，这五个方面体现了经济建设、政治建设、文化建设、社会建设四位一体的发展布局，为我们清晰地勾画出了社会主义新农村的美好前景和实现途径。

多年来，以北京农学院院长王有年教授为代表的一大批长期致力于城郊农业、农民与农村问题以及都市型现代农业研究的专家、学者，一直坚持"立足京郊，服务三农"的方针，以科教文为主导战略，以科教兴村为主线，开展了形式多样的科教兴村富民活动，结合城市郊区的实际情况，摸索出了许多各具特色的解决城市郊区"三农"问题的模式与经验，取得了丰硕的成果。春江水暖鸭先知，党的十六届五中全会决议公布后，他们及时领悟到了党中央英明决策的时代内涵和作为研究"三农"问题的学者所肩负的历史使命。他们深切地感受到，城市郊区与传统意义上的农村具有不同的特点，而且，城市郊区在新农村建设，乃至实现社会主义小康社会宏伟目标方面具有举足轻重的地位。基于上述认识，从 2004 年 4 月开始，北京农学院的部分学者、专家与同样负有使命感的金盾出版社的同志们就开始研究如何编写一套体现城市郊区特点的、适合广大农村基层干部和有一定文化水平农民阅读的普及性丛书，其目的在于认真总结科教兴村的理论与实践，形成规律性认识，从而使全国的科教兴村工作水平不断提高。同时，借鉴近年来涌现出的新理论和新技术，以科教兴村为载体更好地推进城郊新农村建设步伐。因此，编委会以服务城郊新农村建设为宗旨，以强村富民为中心，围绕都市农业、结构调整、科技需求、农产品贸易、组织创新、小城镇建设等热点问题，提炼出 14 个专题，分别成册。

各分册作者均为工作在相关领域教学、科研第一线的中青年专家、学者，他们大多具有硕士、博士学位。他们长期致力于“三农”问题的研究，始终用自己所学的知识服务于京郊大地，把论文写在京郊大地上，对京郊乃至全国农业、农村、农民问题有着深切的感受和较多的关注，在相关领域均做出不菲成绩。在编写过程中，他们融合了北京市社科基金项目“科教兴村的理论与实证研究”取得的成果，以实际、实用、实效和突出新理念与新科技为原则，体现时代性、科学性和前瞻性，融思想的先进性、知识的可读性和实践的可操作性于一体。经过一年多的不懈努力，广泛征求各方面的意见，精益求精，几易其稿，终于完成了编写任务。功夫不负有心人，整套丛书深入浅出，通俗易懂，特色鲜明，针对性和实用性强。

我认为，建设社会主义新农村是一个长期奋斗的过程，需要付出艰苦的努力。改革开放以来，我国人民在党的领导下，凭着自己的智慧、能力和汗水，取得了经济社会发展的巨大成就，也初步走出了一条生产发展、生活富裕、生态良好的文明发展道路。广大农民群众在改革发展的实践中，迸发出无穷智慧，创造了无数奇迹。今天，我们正站在一个新起点上，我相信，这套丛书肯定会成为农村、特别是城郊农村干部与群众的好帮手，对其他地区的农村干部和群众也具有重要的指导意义。

这套丛书也为即将迎来的北京农学院五十周年华诞献上一份

重重的厚礼。我衷心祝愿，北京农学院广大师生能够传承先进文化，推广现代科技，培育新型农民，为社会主义新农村建设做出新贡献，创造辉煌成就。

农 业 部 原 副 部 长
中国农学会名誉会长

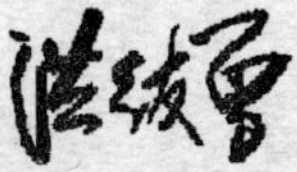

二〇〇六年二月六日

前　言

当前，我国的经济和社会发展日新月异，各种社会矛盾也逐渐暴露出来，尤其是在城郊农村矛盾显得更加复杂。党中央提出建设社会主义和谐社会，对农村的稳定高度关注。历史的经验证明，没有稳定就没有改革开放的一切。人民调解作为维护社会稳定的第一道防线，正发挥着越来越大的作用。人民调解作为解决纠纷的手段，在历史上曾经发挥过重要作用，被世界誉为“东方之花”。但是近年来，由于客观形势的变化，在城郊农村传统的人民调解受到了挑战，积极推进富于城郊特色的人民调解工作成为当务之急。本书从城郊农村民间纠纷特点和人民调解的实际情况出发，力求给工作在城郊人民调解第一线的同志以必要的指导。通过分析城郊农村纠纷的特点，介绍了人民调解的基本制度，人民调解员的权利、义务和素质，调解的方法和技巧等问题。在写作方法上本书力求做到深入浅出，紧密结合人民调解工作实际。

本书适合城郊农村人民调解工作者阅读，对于工作在其他领域的人民调解工作者也有一定的参考价值。由于作者水平有限，疏漏之处在所难免，在此恳请读者谅解并提出宝贵意见。本书在写作过程中，得到了北京农学院院长王有年教授的悉心指导。北京市司法局基层处、北京市昌平区、通州区司法局为本书提供了材料支持，特别是昌平区司法局的杨桂栋同志、通州区司法局郝志娟同志、昌平区郑各庄村郝玉增同志、海淀区羊坊店司法所郝学同志提供了精美的照片，为本书增色不少。北京农学院政法系佟占军、童光法、李蕊、齐力和赵志毅等老师为本书的编写提供了大量资料，奉献了自己多年的研究成果，并就书中的有关问题提出了有价值的参考意见。北京市礼华律师事务所主任何历明律师就有关依法调解的问题提出了宝贵意见。在此，对所有为本书的出版提供支持的同志表示由衷的感谢！

李　刚

2006 年 1 月

目　录

第一章　纠纷与调解

一、关于纠纷的一般问题

有纠纷才有调解，只有首先弄清纠纷的概念，才能进一步讨论调解的问题。纠纷的原理如果不清楚，就不能有效地开展人民调解工作。关于纠纷，主要讨论以下几个方面的问题。

（一）纠纷的概念

对于纠纷，我们直观的印象应该是“吵架”、“打架”之类。纠纷，《现代汉语词典》解释为：“争执的事情”。这个解释是针对一般意义而言的。从人民调解的角度讲，纠纷是指人与人之间、人与单位之间或单位与单位之间因人身、财产或其他法律关系发生的争执。简单地讲，纠纷是指那些具有法律意义的争执。至于诸如夫妻之间就孩子上哪家幼儿园而发生的争执则不属于人民调解所涉及的纠纷范畴。

纠纷是一种社会现象，每种具体的纠纷之间又有不同的特点。我们可以根据不同的标准对纠纷进行不同的分类。对纠纷进行分类的目的是为了弄清每类纠纷的特点，为做好调解工作打下基础。关于纠纷的主要分类和各自的特点如下。

1. 双边纠纷和多边纠纷　以涉及当事人的数量为标准，可以将纠纷分为双边纠纷和多边纠纷。前者是指发生在 2 个当事人之间的纠纷，后者是指发生在 3 个或 3 个以上当事人之间的纠纷。涉及的当事人越多，意味着关系越复杂，调解的难度也就越大。

2. 个人与个人、个人与单位和单位与单位之间的纠纷　以涉及当事人的性质为标准，可以将纠纷分为个人与个人之间的纠纷（在人民调解领域一般称之为民间纠纷）、个人与单位之间的纠纷和单位与单位之间的纠纷。按照法律的规定，人民调解的对象主要是民间纠纷，其中也包括个人与单位之间的纠纷，但一般不包括单位与单位之间的纠纷。

3. 一般性纠纷和群体性纠纷 以涉及一方的人数为标准，可将纠纷分为一般性纠纷和群体性纠纷。前者是指双方参加的人数均比较少的情形，后者是指至少其中一方人数众多的情形。群体性纠纷又包括两种情形，一是双方均人数众多，如果不及时控制，往往会形成大规模械斗；二是一方人数众多，另一方是村委会等有关组织或政府机关，如果不及时控制，就可能会损害政府在群众中的形象，引发集体上访、游行示威等政治性事件，从而危害社会的安定团结。群体性纠纷的社会危害性大，调解的难度也大，要充分认识其严重性，本着对社会负责的态度，对此类纠纷给予高度关注。还要注意的是一般性纠纷可能会演变为群体性纠纷。

4. 民事纠纷、行政纠纷和刑事纠纷 以纠纷涉及的法律部门为标准，可将纠纷分为民事纠纷、行政纠纷和刑事纠纷（指自诉案件）。人民调解的重点是民事纠纷，也可以包括刑事纠纷和行政纠纷。

5. 婚姻家庭纠纷和生产经营性纠纷等 以纠纷涉及法律的具体内容为标准，可将纠纷大致划分为以下类型。

（1）婚姻家庭纠纷 这类纠纷是指因婚姻家庭方面的人身关系以及由此产生的财产关系所引起的各种纠纷。主要包括因恋爱、解除婚约、夫妻不和、离婚、妇女带产改嫁、借婚姻关系索取财物以及父子、婆媳、妯娌、兄弟姐妹、夫妻之间因分家析产、赡养、抚（扶）养以及家务、家庭暴力等引起的纠纷。

（2）生产经营性纠纷 主要是指在社会生产活动中以生产为目的所发生的纠纷。主要包括种植、养殖、买卖等生产经营方面引起的纠纷。此外，还包括因地界、水利、山林果树、草场、滩涂、农机具和牲畜等生产资料使用方面引起的纠纷。

(3)财产性纠纷　由于财产的确认、归属、损害等问题所发生的纠纷。婚姻家庭、生产经营性纠纷中也有属于财产的情况，但由于婚姻家庭纠纷以两性和一定的血缘关系为前提，生产经营性纠纷以生产为目的，所以不包括在此类财产纠纷之中。这类纠纷主要包括所有权纠纷、使用权纠纷和债权债务纠纷。所有权纠纷是指对物质财物的占有、使用、收益、处分权的争议。使用权纠纷是指对物的使用权的争议，如租赁、宅基地纠纷等。债权债务纠纷是指债权人与债务人因债的履行所发生的纠纷。

(4)侵权性纠纷　侵权性纠纷是指纠纷主体一方或数方不法侵害他人的人身权或财产权引起的纠纷，但必须是未构成犯罪的轻微违法行为所引起的。如情节轻微的损害他人财物、轻微伤害、损害名誉等行为以及由此给受侵害的一方造成的直接或间接财产损失所引起的纠纷。

划分此类纠纷的意义在于，每类纠纷均有自己的特点，均有解决的特殊规律，我们要善于总结每类纠纷的特点，对于不同类型的纠纷采用不同的方法解决。

6. 传统型纠纷和现代型纠纷　以纠纷的历史渊源为标准，可将纠纷分为传统型纠纷和现代型纠纷。前者是指在社会上已经长期存在的纠纷，如婚姻家庭纠纷等。后者是指随着改革开放的不断深入，近年来出现的新的纠纷类型，如承包权纠纷、采矿权纠纷、消费者权益纠纷、环境纠纷、社会福利纠纷等，有学者将这些新出现的纠纷称为“现代型纠纷”或者“新型纠纷”。对于这些新型纠纷我们更应当重视，要善于总结其特点和规律。

(二)纠纷的存在

上下几千年，纵横几万里，我们惊奇地发现，纠纷无处不在、无时不有。大到国家、小到普通百姓，随时都会发生纠纷。不仅现在如此，过去也是如此，将来还会如此，纠纷与人类社会一直都是相随相伴。人类社会是一部用鲜血写成的战争史，甚至到了人权和法治精神深入人心的今天，战争的阴霾依然挥之不去。百姓之间更是如此，街坊邻里之间、朋友同事之间，甚至夫妻之间、同胞兄弟之间，纠纷依然不可避免，最后导致夫妻反目、兄弟相残，酿成了一幕幕人间悲剧。让世界充满爱，只不过是人们一种热切的期盼而已。纠纷无处不在，用哲学的语言来讲，就是纠纷具有普遍性。

纠纷具有客观性，是人类社会客观存在的一种现象。为什么人类不能摆脱纠纷的困扰，答案还要从人类自身去寻找。自人类社会产生时起，人与人之间就存在着利益冲突与纠纷。有人曾经说“人与人是豺狼”，对这句话我们姑且不做极端的理解，但它至少很形象地说明了纠纷存在的根源。每个人都有自己的利益需求，都会不自觉地陷入追逐利益的游戏当中，对利益不择手段地、赤裸裸地追求是人的原始本性，这也恰恰是人类社会进步的最原始的动力。当然，也是人类社会纠纷客观、普遍存在的最根本原因。有人也许会说，团结友爱才是社会的主流，但这是人类社会化的结果。社会通过宗教、道德教化等手段，促使人将自己的原始本性“收敛”起来，接受社会对自己的“改造”。我们前面所讲的是两个问题，一个是人的本性，另一个是人的社会化。“文革”期间，对“人与人是豺狼”这句话大加批判，不但曲解原意，而且将两个问题混为一谈。在市场经济条件下，人的这种原始本性在利益的强烈刺激下表现得更加淋漓尽致，纠纷日见增多也就不足为奇了。

了解纠纷性质的目的在于正确认识纠纷。纠纷是客观、普遍的，是无法回避的，纠纷是永远不能消除的。我们不能期望纠纷从世界上消失，我们只能努力减少纠纷、化解纠纷，尽量将纠纷对社会造成的影响减到最小程度。面对纠纷不要一味抱怨，希望生活在没有纠纷的大同世界是我们人类几千年难圆的梦，怎样解决纠纷才是我们所应当关心的问题。

纠纷从形式上来看表现为争执,但根源在于利益冲突。对于利益分配发生争议,便产生纠纷。明确了这一点就等于拿到了解决纠纷的金钥匙,要想调解成功,关键是明确、平衡利益关系。

(三)纠纷对社会的影响

世界上的任何事物都是辩证的统一。纠纷对社会的影响既有正面的也有负面的,负面影响是直接的,正面影响是间接的。正面影响是指对社会发展的推动作用,有纠纷就必须解决,纠纷的发生促进了社会解决纠纷机制的完善,就像出现一种新的疾病,会刺激自身免疫系统的完善。同时,纠纷的出现可以将社会内部蕴藏的不稳定因素及时暴露出来,避免更大的社会动荡。从某种意义上说是纠纷推动了社会文明的进步。道德精神的弘扬和法治的完备归根结底是为了公正合理地解决纠纷,也就是说纠纷促进了道德和法治的发展。人类的法律文化、道德伦理文化以及宗教文化之所以能够发展到今天的程度,从一定意义上来说,是以纠纷作为根本动力的。

纠纷对社会的负面影响最直接的表现为对秩序的破坏,使社会秩序处于不稳定状态。秩序是社会追求的目标,也是社会所期望的理想状态,纠纷层出不穷,矛盾不断升级,就会动摇社会的根基。纠纷与秩序是对立的,纠纷是对秩序的威胁。纠纷一直困扰着人类,因为纠纷讳背人类的理性。追求和谐是人类梦寐以求的理想,纠纷必然带来对秩序的破坏,甚至带来巨大的社会动荡,从而损害全体社会成员的根本利益。从微观意义上讲,纠纷会造成当事人财产和精神上的损害,引起人们不安、焦虑和惶恐,甚至酿成家破人亡的人间悲剧。

对今日的中国而言,更应当关注纠纷对社会的影响。随着我国社会形势的变化,纠纷也呈现出了多样化和复杂化的特点。《最高人民法院、司法部关于进一步加强新时期人民调解工作的意见》指出，“随着社会主义市场经济体制的建立和发展以及各种利益关系的调整，出现了许多新的社会矛盾纠纷，矛盾纠纷的主体、内容日益多样化、复杂化。许多纠纷如果不能及时疏导化解，有可能发展成为群体性事件，甚至激化为刑事犯罪案件，严重干扰党和政府的中心工作，影响社会稳定和经济的持续发展”。建设有中国特色的社会主义事业，需要国家的长治久安，需要保持稳定的社会秩序。尽量减少纠纷、努力化解纠纷是人们追求的共同目标，也是人类社会的永恒主题。自从人类进入文明社会以来，人们就在不断探索减少和化解纠纷的途径，并且取得了丰硕的成果，积累了宝贵的经验，无论是被誉为“东方经验”的我国的人民调解制度，还是当前风靡全球的 ADR(替代性纠纷解决机制)浪潮，都是这种成果的体现和人类智慧的结晶，被实践证明是行之有效的。

(四)当前城郊农村民间纠纷的特点

城市郊区既是传统意义上的农村，又靠近经济文化和社会发展比较快的中心城市，特殊的地理位置决定了城市郊区的社会矛盾及纠纷表现形式兼有传统与现代的双重特点。

从传统来看，城郊农村民间纠纷包括以下几个方面的特点。

一是从纠纷的起因来看，多因生活琐事引起，人们常为鸡毛蒜皮的小事而互不相让。由于经济发展相对滞后、文化知识相对贫乏、思想意识相对狭隘、争强好胜心理较为强烈、宗族观念根深蒂固等多方面原因，导致村民常因宅基地、通行、排水、采光或田间地埂上的琐事发生矛盾。看似简单的小事，诸如晒粮占用场地、鸡啄了麦苗、羊啃了地瓜秧或因一棵树、一堆粪、一块瓦，甚至因开玩笑、说闲话等，都会引起打架斗殴，甚至酿成刑事案件。纠纷虽小，但当事人往往顾及面子而互不相让，处理难度较大。

二是家庭内部纠纷增多。兄弟、妯娌间因家务琐事搬弄是非、争吵殴斗，对老人拒不履行或不适当履行赡养义务而引发的纠纷不断增多。有的老年人因子女不尽赡养义务而衣食无着，生活困难，有病得不到及时治疗；有些子女视老年人为包袱，歧视虐待老人，对老年人冷眼相待，恶语相向；有的老年人住破房、吃剩饭、生活寂寞、精神苦闷，严重损害了身心健康；有的子女视老年人再婚为伤风败俗而大加干涉，致使许多老年人不能实现再婚愿望，孤独地度过晚年。

三是离婚纠纷增多。由于婚姻家庭观念淡化，离婚纠纷日趋增多。导致离婚纠纷的主要原因除换亲、转亲、草率结合、婆媳矛盾、互相猜疑等传统因素外，更重要的是婚姻观念的变化。因外出打工见识了外面的“精彩世界”，或经商发财后而闹离婚的现象较为突出。离婚时因抢夺财产、争养子女、规避债务而激化矛盾的情况也比较严重。因一方患精神病等疾病，或遭遇车祸、工伤等意外事故导致身体残疾，或因犯罪被判刑等原因而提起离婚诉讼的也占有一定的比例。

四是因斗殴引发的伤害纠纷比较多。由于文化水平低、法制观念弱、心理素质差、社会防范机制不健全等诸方面的原因，农村中因琐事或其他矛盾而发生殴斗的事件时有发生，双方的亲朋好友往往会倾巢相助，甚至形成群体械斗。这类案件影响大，一旦处理不妥就会导致矛盾激化。值得引起注意的是，由于部分农村干部和村民素质不高，农村中干部与村民相互加害的案件也时有发生。有的农村干部在处理农村事务时因言语过激、方法不当而与群众发生冲突，有的村民因对干部收集资款、分宅基地、计划生育等行为不满，而损害干部个人的树木、庄稼、牲畜等财物，甚至伤害村干部或其亲属的身体。

五是因借款或欠款而引发的债务纠纷增多。由于当前农村经济的不断发展，借款成了一种重要的融资手段。但有的人不讲信誉，借款不还，或因经营不善，导致无力还款，从而形成债务纠纷。

六是农村土地承包纠纷突出。因承包果园、山林、土地、农机具等而形成的农业承包合同纠纷也相当突出。发包方单方面变更或终止合同及承包方拒交、拖交或少交承包金的现象时有发生，影响了农村的社会稳定和经济发展。2003 年底至 2004 年初，农村土地纠纷成为农村基层工作中极为头痛的事情，成为频发且严重的群众矛盾。原因是在 2003 年以前，农民虽然签订了土地承包合同但不愿种地，纷纷进城打工或经商，出现了大量的撂荒地，村干部对此重新进行了调整。2003 年全国开展农村税费改革及年底粮价大幅度的上涨，使以前农民不愿耕种的土地变得宝贵起来，究竟如何明确土地的使用权，成为最大的问题。有些名义上具有土地使用权的农民在城市就业不顺利，当发现农村种粮已有较高的收益时，就回到村里申明某块土地是自己的承包地，他们一定要收回来。他们不再允许正在耕种的农户耕种，或抢在前面将“自己的”承包地犁地耕作。这当然会引起正在耕种农户的不满，他们拿出与村委会签订的合同，说这块土地已被村委会转包给自己，而具有土地使用权的农户则拿出中央规定第二轮土地承包 30 年不变的政策文件，说村委会签的转包合同不符合中央政策，是非法合同，因而互不相让，甚至发生严重伤人事件。

七是农村宅基地使用权纠纷突出。宅基地使用权是使用者个人占有、使用集体所有的土地，在该土地上建造住房及其他附属物的权利。宅基地使用权是农村村民个人的重要财产权，关系到农民的切身利益，农民将其视为命根子。随着农村房地产市场的逐渐活跃，农村宅基地使用权的财产价值日益显露，由此围绕农村宅基地使用权所产生的纠纷也越来越多。据浙江省嘉兴市司法局的统计数据显示，房屋宅基地纠纷是嘉兴市农村除邻里、婚姻家庭纠纷外最多发的一种常见性纠纷。

八是农村因封建迷信引发的纠纷值得关注。农村因封建迷信引发的纠纷一直是破坏农村稳定和精神文明建设的重要因素，近年来封建迷信活动有所抬头，因此引发的纠纷数量有上升的趋势。据《湄州日报》2003 年 6 月报道，截止到 2003 年上半年，福建省湄州市城厢区法院受理了因农村封建迷信引发的相邻权和婚姻家庭纠纷案件 42 件。其中农民受封建迷信观念驱使，对邻居的建房选址、房屋朝向、屋檐形状、门窗位置、排水途径等认为会损害己方“风水”，从而引起房屋相邻权益争议的案件有 29 件；夫妻双方因生育女孩，女方受公婆冷眼鄙视，家庭成员通过求神抽签问卦，轻信诸如“错配婚姻、厄运缠身、惟有离婚解脱”等迷信谎言，导致家庭成员情绪烦躁不安，相互猜疑、互相指责，从而引起的离婚案件有 13 件。

九是纠纷具有季节性特点。通过对农村的纠纷进行统计研究，发现不同时期纠纷的类型不同，有所谓的多发期。一般规律是重大节日期间婚姻、恋爱纠纷较多；春耕、“三夏”、秋收秋种大忙季节争水、争路、争农机具纠纷较多；秋冬交替农闲时建房、农作物贮存、宅基地纠纷较多；春节前后赡养纠纷较多。

十是新型纠纷层出不穷。近年来，随着经济和社会的发展，新型纠纷不断出现。以前的纠纷多是在公民与公民之间发生，现在则出现了许多公民与单位、单位与单位之间的纠纷，有时还涉及到村委会等集体组织，即主体多元化；以前的纠纷大多是婚姻家庭纠纷、邻里纠纷以及土地纠纷等，而现在的类型日益多样化。当前新出现的民间矛盾纠纷的类型主要有：农村因土地承包引发的矛盾、村民委员会换届选举中出现的有关矛盾、矿产资源开采、土地征用补偿引发的矛盾等；以前的纠纷搀杂的感情因素比较多，多是义气之争，而现在的纠纷多是利益之争，即争执的动因发生了变化；“民转刑”的可能性增大，纠纷多因小事引起，但具有易激化的特点；群体性事件不断发生，严重危害社会稳定。

城郊农村由于靠近大、中城市，受市场经济的辐射影响比较大，土地开发、房屋、土地租赁等经济活动比较活跃，比传统意义上的农村经济要发达得多，具有经济内容的纠纷明显增多。由于靠近大、中城市，信息传递速度快，受多元文化的影响比较大，人们在观念上也表现出复杂性，从而决定了纠纷的多样性。从现在的情况来看，城郊农村的民间纠纷主要呈现出以下不同于传统农村的新特点。

一是因土地征用补偿引发的群体性纠纷增多。由于城市化进程的速度加快，中心城市急剧膨胀，大量的房地产和其他建设项目向城市郊区转移，土地征用成为热点，因补偿和安置问题发生的纠纷增多，几乎每一个涉及征用土地的建设项目都会遇到这个问题。这种纠纷往往是群体性的，如果处置不当很容易引起集体上访等群体性事件。

二是因农村社会保障引发的纠纷增多。由于城郊农村经济条件较好，农村社会保障也相对较好，如有些村庄给村民发放养老金、生活费等，因发放的对象、条件等问题发生的纠纷日渐增多。

三是因村委会换届选举引发的纠纷增多。由于城郊农民的民主意识较强，加之村集体的经济实力较强，村民很关注每 3 年 1 次的村委会换届选举，大家对选举程序等问题非常关心。村委会在任期内也存在与村民发生纠纷的可能性，北京市郊区的个别农村就曾发生过村民“炒掉”村委会干部的情况。

四是因观念转变引发的婚姻纠纷增多。城郊农村靠近城市，容易受到不健康生活方式的影响，甚至有些不法分子利用农民进行卖淫活动，对农民的婚姻观念产生了潜移默化的影响，导致婚外情增多，因此离婚纠纷也随之增多。

五是因经营引发的财产性纠纷增多。城郊农村经营活动比边远农村多，经济活跃纠纷必然就多。一般城市当中常见的合同纠纷、租赁纠纷、消费者权益纠纷、劳资纠纷、产品质量纠纷等也成为城郊农村中常见的纠纷。

六是农民的权利意识加强，更热衷于通过诉讼解决纠纷。城郊农村信息交流速度快，普法宣传工作做得较好，农民的权利意识得到加强。加之靠近城市，获得法律帮助的机会较多，诉讼的成本较低，使城郊农村村民更愿意通过诉讼而不是人民调解来解决纠纷。

七是因城市与农村的融合，导致人们的观念、意识日趋复杂化，增加了解决纠纷的难度。城市郊区正处于城市化的进程中，在农民的观念中既保留了在自然经济土壤中孕育形成的传统小农意识，又受到以市场经济为基础的现代意识的深刻影响。观念、意识的多元化是导致城郊农村民间纠纷多样化的根源所在。

城郊农村纠纷的特点决定了人民调解工作的复杂性，了解其特点的目的是为了更有针对性地开展人民调解工作，我们只有认识到纠纷的特点才能更好地开展人民调解工作。

二、解决纠纷的途径

有纠纷就必须解决。纵观人类社会，纠纷的解决方式包括“私了”、调解、仲裁以及诉讼等几类。“私了”，是指由当事人自己解决纠纷，没有第三者的协助。调解是指在第三者的主持、调停下，双方经自愿协商解决纠纷的活动。调解的种类有很多，我们这里所说的调解是指人民调解，也叫做民间调解（在本文中简称调解）。仲裁是指发生纠纷的双方自愿将纠纷交由第三者裁决的纠纷解决方式。诉讼是指法院在纠纷的双方当事人及其他诉讼参与人的参加下，就纠纷进行审理并做出裁判的活动。诉讼包括刑事诉讼、民事诉讼和行政诉讼等，这里指的是民事诉讼（在本文中简称诉讼）。由此可见，解决民间纠纷的途径不只一条，但调解是解决纠纷的重要途径之一。人类社会选择了多元化的纠纷解决机制，其原因就是每种解决方式各有优点与不足，相互之间具有互补性。下面我们就针对几种纠纷解决途径进行一下比较。

“私了”无疑是最简单的解决纠纷的办法，但事实证明在相当多的情况下“私了”行不通，需要通过调解、仲裁或诉讼才能最终使纠纷得到解决。仲裁有一定的适用范围，在此不做讨论。我们重点比较调解与诉讼各自的优势与不足。

诉讼的优势主要表现在国家的强制性和严格的规范性，从而使之成为最有权威的和最可能实现公正愿望的纠纷解决方式。

所谓国家强制性，是指法院利用审判权来确定或者宣告纠纷主体之间民事法律关系及民事法律责任的承担，以国家强制执行权迫使法律责任承担者履行法律裁判。因此，诉讼成为解决民事纠纷最终的和最具权威性的解决方式。在现代法治社会，只有经过正当法律程序才能确定或剥夺国民的人身权和财产权，而且将诉讼和审判作为保障公民权利实现的最终和最重要的手段。一般认为通过诉讼解决纠纷，相对来说是最公正的。调解由于其民间性，就决定了其达成的协议对双方的约束力是很差的，调解是以当事人自愿作为前提，这就是说虽然达成了协议，但并不意味着纠纷的最终解决，如果一方当事人反悔，仍然可以选择诉讼的途径解决。

所谓严格的规范性，一方面表现为民事诉讼必须严格按照法定的程序进行，必须按照程序实施诉讼行为。另一方面表现为法官必须严格依据民事实体法律规范对纠纷做出最终裁决。其优势表现在：可以限制法官任意用法，防止法官滥用权力，保障当事人的合法权益，有助于纠纷的公正解决。由于符合强调程序正义的观念，所以有人认为诉讼是解决纠纷的最终手段，并将其称之为“司法最终解决原则”。调解在实体和程序两方面缺乏制度保障，以至于在双方当事人地位不平等的情况下，其间的协商有可能是不平等的，不利于公正地解决纠纷，这也就是调解不能成为纠纷解决的最终途径的根本原因。

诉讼的不足主要表现在以下两个方面。

首先，诉讼是一种专业性极强的技术活动，不易为一般民众所理解和接受，只有那些诸如律师等受过严格专业训练并且有一定经验的专业人员才有可能从容应对。对于一般民众而言，诉讼如同雾里看花，不得已时才会请律师出山，而请律师必须支付昂贵的费用。从技术和成本的意义上考虑，当事人往往对诉讼望而却步。而调解的程序简单明了，强调当事人自愿，从而消除了专业性给当事人带来的操作上的困难。另外，调解不收取任何费用，减少了当事人的经济负担和风险。

其次，中国有句俗话，叫做“一年官司十年仇”，到法院打官司往往是当事人不得已的选择。民事纠纷大多发生在熟人之间，甚至是亲朋好友之间，只要闹上法庭，以后彼此之间肯定不相往来。而且判决通常过于生硬，很难满足当事人既不伤和气同时又能解决纠纷的要求。调解以自愿和说理为原则，积极促成纠纷当事人通过自愿协商和相互让步而达成和解，不主张以对抗的方式解决纠纷，从而比较容易获得两利或双赢的结果，也有利于维护当事人之间需要长久维系的商业关系和人际关系，更富于情感色彩。

诉讼的不足恰好是人民调解的优势所在。具体来讲，人民调解的优势包括以下几个方面。

第一，由于调解是通过说服教育的方法解决问题，因而更具亲和力，更容易被双方当事人接受。

第二，人民调解不受时间和空间的局限，可以随时到当事人的家中进行调解。由于没有严格的程序，更容易实现实质意义上的公正。

第三，可以主动介入调解。诉讼实行“不告不理”，因而是被动的。

第四，可以做到调防结合，重在防范。

第五，可以依据情、理、法及乡规民约进行调解。

调解的优势在一定程度上弥补了诉讼的缺陷，两者相互配合，相得益彰，共同构成了完整的解决民事纠纷的渠道。

调解在我国有着悠久的历史，在古代，调解是解决民事纠纷的主要手段。中国有和为贵的传统，要求在处理人与人的关系时，做到仁爱，讲礼让，讲义务，讲亲和。在这种以和谐为核心内容的文化背景下，古代中国形成了不同于西方的解纷机制。在西方社会，人们往往通过诉讼方式解决纠纷，而在古代中国，诉讼意味着对和谐的破坏和背叛，因为诉讼本身意味着双方当事人的矛盾冲突与对立。于是，无讼状态是古代中国社会的必然要求甚至是理想状态。然而，冲突和纠纷却又是不可避免的，一旦遇到纠纷，人们自然会选择既能解决纠纷又能保持和谐的解纷机制，这种解纷机制就是调解。互谅互让，大事化小，小事化了，从而折衷、调和、妥协地平息当事人之间的纠纷。

人民调解制度是在中国传统调解文化的基础上发展演变而来的，但内容和实质已经发生了根本的变化，可谓今非昔比。中华人民共和国成立以来，人民调解在维护社会稳定方面发挥了很大作用，被世界赞誉为“东方一枝花”或“东方经验”。世界向中国学习，掀起了一股 ADR 浪潮即替代性纠纷解决机制。该机制也叫做多元化的纠纷解决机制，简单地讲，就是改变过去片面崇尚通过诉讼解决纠纷的思维方式，建立包括调解在内的各种行之有效的纠纷解决方式。这是西方法治国家在观念上的根本转变。

三、加强城郊农村人民调解工作的意义

党的十六大提出了全面建设小康社会的奋斗目标。保持和谐稳定的社会环境，既是我国多年来社会主义建设经验的总结，又是全面建设小康社会的重要内容和前提条件。在建设小康社会、完善社会主义市场经济体制过程中，尤其需要稳定的社会环境，没有

稳定的社会秩序和社会环境，改革和发展就无从谈起。要保证全国的稳定，首先要保证农村的稳定。我国地域辽阔，其中农村面积占我国总面积的70%。我国又是拥有13亿人口的大国，其中大部分人口生活在农村。农业始终是我国国民经济的基础，农村稳、全国稳，农村治、全国治。农业、农村和农民这"三农"问题解决不了，全国的稳定就无从谈起。邓小平同志对此曾多次强调指出："从中国的实际出发，我们首先要解决农村问题，中国有80%的人口住在农村，中国稳定不稳定，首先要看这80%稳定不稳定，城市搞得再漂亮，没有农村这一稳定的基础是不行的"。

农村确实存在许多不稳定因素。近几年来，农村的纠纷呈现出逐年上升的趋势，纠纷数量激增，群众集体上访等群体性事件及"民转刑"的情况时有发生，干群关系紧张等都是农村社会不稳定的表现。农村的情况与城市不同，我国农村人口占全国人口的大部分，而且地域辽阔、居住分散，生态环境各不相同，经济结构比较简单，人们的生活习惯、思想观念相对比较落后，文化水平较低，宗教和家族关系浓厚，法律意识淡薄，这意味着纠纷解决的难度要比城市大得多。为此，我们要更好地发挥包括调解在内的纠纷解决机制的作用，维护农村社会的稳定。

加强新时期的人民调解工作，是贯彻江泽民同志"三个代表"重要思想的一项重要工作。人民调解工作以法律和社会主义道德为依据，分清是非，解决纠纷，使当事人的合法权益得到维护，符合维护广大人民群众根本利益的要求。人民调解工作便民利民，把大量的民间纠纷化解在基层，为群众解决矛盾纠纷节省大量的人力、财力和时间，使他们得以集中精力搞好生产和工作，促进生产力的发展。

农村人民调解工作是农村社会治安综合治理的第一道防线，农村人民调解工作在维护农村社会稳定、促进农村经济建设中具有重要的作用。能否搞好人民调解工作，关系到农村社会的稳定，关系到群众的生产、生活秩序，关系到基层社会主义精神文明建设。从实践来看，全国人民调解组织每年调解的民间纠纷达几百万件，最高的年份达上千万件。通过对大量民间纠纷的调解，使纠纷当事人平等协商，互谅互让，化解矛盾，消除隔阂，防止矛盾激化，有助于建立良好的社会秩序、生活秩序和工作秩序，促进安定团结，维护社会稳定。

党和国家历来非常重视农村社会的稳定问题。《民政部、司法部关于进一步加强农村基层民主法制建设的意见》指出，今后一段时期的任务是：加强社会治安综合治理，进一步维护农村社会稳定。充分发挥治保会、村及乡镇人民调解委员会的作用，为农民的生产和生活创造良好的治安环境。要求人民调解工作要围绕党在农村的中心工作，牢固树立“大服务”的思想，坚持“调防结合，以防为主”的工作方针，积极推进改革，充分发挥职能作用，在维护农村社会稳定、促进农村经济建设中发挥更大作用。

加强城郊农村的人民调解工作具有深远的意义。目前我国城市郊区化的速度很快，城市迅速向郊区扩张。城市郊区作为郊区化过程中城市与农村两大地域系统相互作用的结合体，在各种社会自然资源、区域经济布局和土地利用等方面具有较强的特殊性。城市和城市郊区由于地缘的关系，二者在功能上是相互补充的，在效果上是相互影响的。城市郊区是连接城市和农村的纽带，也是化解城乡矛盾的缓冲地带。就城市发展而言，城市郊区除了具有经济和生态的功能以外，还具有精神文明的功能。近年来，我国在城市郊区化、郊区城市化方面进展很快，城市与郊区实现了进一步的融合，郊区在扩大内需、解决环境污染、交通拥堵、人口过度密集等“大城市病”方面的作用很大，城市的发展亦为郊区的发展提供了机遇，两者进一步融合的趋势更加明显。二者之间的相互依赖关系决定了相互之间的影响和作用会更加突出。总之，城市郊区对于城市而言影响是巨大的，其中包括社会稳定方面的影响。由此可见，加强城郊农村的人民调解工作，维护郊区农村的社会稳定，对于维护城市乃至全国的稳定具有重要意义。另一方面，城市郊区由于受城市的影响较大，社会不稳定因素更多，导致纠纷更加复杂化。例如，农村大量富余劳动力涌向城市，这些外来人口有相当数量聚集在城市郊区周围，此外城市内部旧城改造和危旧房拆迁导致了众多企业及其职工和市民向郊外迁移，这必然给城市郊区的社会稳定带来巨大的压力，不仅会导致纠纷数量的增加，还会导致纠纷成因、类型的复杂化。

四、当前城郊农村人民调解工作中存在的问题及对策

(一)当前城郊农村人民调解工作中存在的问题

经过广大干部和调解人员的努力，城郊农村的人民调解工作取得了很大成绩，但也存在一些不容忽视的问题，主要表现在以下几个方面。

1. 领导认识不到位 有些基层领导干部对加强城郊农村人民调解工作的重要性认识不足，认为应当抓住我国当前经济发展快的机遇，充分利用城郊农村处于城市边缘的区位优势，搞好经济发展，取得政绩。因此，把主要精力放到了搞开发、经营企业上，认为调解工作说不清也断不明，既牵扯精力又不能立竿见影取得成效。思想上轻视，应付上级的检查，甚至将调解人员抽调出去应付包村包户、催粮要款、计划生育等其他工作，干扰调解人员开展纠纷排查和调解工作。基层领导重经济、轻调解，忽视纠纷预防工作是当前制约城郊农村人民调解工作进一步开展的思想认识上的障碍。

2. 法制宣传教育不够深入 提高全民族法律素质的首要任

务是加强对全民的普法教育。但由于种种原因，普法宣传教育还不够深入，广大农民群众特别是某些基层干部法律知识比较欠缺，依法解决纠纷的水平不高，遇到纠纷不是依法、依理、依情去调解，而是主观武断、盛气凌人地压制，“一说二骂三吆喝”，先来个下马威，只要当事人不“闹”了就行。其后果是不但当事人不服气，群众也不满意，不利于人民调解工作的开展。

3. 纠纷排查不到位 城郊农村的纠纷逐年增多，并且趋于复杂化，更应当强化纠纷排查工作。而当前城郊农村人民调解工作中存在着重调解、轻排查、防范意识不够强的问题，没有很好地贯彻以预防为主的方针。

4. 调解经费不到位 有些基层党政组织对调解组织建设重视不够，经费不落实，导致业务资料缺乏，培训学习跟不上，调解人员的工资报酬也不能及时兑现，严重影响调解人员的积极性。调解人员普遍反映，常年辛苦工作，东奔西走，又挨骂又受气，做了好事得不到回报，超额工作没有奖励，还耽误了家务活和农活，挫伤了他们的工作积极性和创造性。

5. 回访工作不到位 回访是人民调解工作的重要原则，是贯彻预防为主方针的重要体现，也是巩固调解成果的重要步骤。城郊农村纠纷的多发性和复杂性决定了更应该重视回访工作。而在实践中却存在忽视回访工作的倾向，认为太麻烦、多一事不如少一事，其后果是容易造成纠纷调解成果不巩固，出现反弹，矛盾化解不彻底，甚至转化为刑事案件。

6. 对于城郊农村纠纷和人民调解工作特点没有进行深入研究 城郊农村纠纷具有与一般意义的农村纠纷不同的特点，只有认识到其中的区别，调解工作才能有针对性。只有充分认识城郊农村人民调解工作的特点才能更好地开展人民调解工作。而在实践中，往往对其中的区别认识不足，研究不透，造成人民调解工作缺乏针对性。

(二)加强城郊农村人民调解工作的对策

为了克服城郊农村人民调解工作中存在的问题，进一步搞好人民调解工作，应重点抓好以下几方面的工作。

一是要提高基层干部对民间纠纷，特别是城郊农村纠纷调解工作重要性的认识。要从实践“三个代表”重要思想的高度，进一步增强做好新时期人民调解工作的责任感和使命感，不断加强人民调解工作，提高工作水平，使人民调解工作成为化解民间纠纷坚实可靠的“第一道防线”，尽最大努力把矛盾纠纷解决在基层，解决在萌芽状态。要充分认识城郊农村社会稳定对于城市经济、社会发展乃至整个国家经济和社会发展的重要意义。各级党委和政府，特别是基层的党政领导要充分认识民间纠纷调解工作对于维护社会稳定，安定民心，促进农村经济发展的重要性。没有一个安定团结的社会局面，人心不稳，群众怨声载道，干群关系紧张，将会严重影响农村经济的发展，给党和政府的工作带来不利影响。要切实地把人民调解工作列入各级党委和政府工作的重要议事日程，将其放在心上，抓在手上，落实在行动上。

二是要加大对城郊农村民间纠纷的调解力度，使纠纷得到及时化解，努力防止矛盾激化。要在继续加强对传统多发性民间纠纷调解工作的同时，结合党的农村政策，努力调解农村经济体制改革、税费改革以及在实行村民自治过程中出现的纠纷，维护农民群众的合法权益，保护农民发展生产的积极性。要及时调解征地拆迁、旧村改造、村委会选举、土地承包等引发的多发性、群体性、易激化的民间纠纷。深入开展民间纠纷大排查和专项治理活动，依法化解各种复杂、疑难民间纠纷。

三是要认真分析当前城郊农村民间纠纷发生、发展的特点和规律，增强对城郊农村民间纠纷发生的预测、控制能力，对容易发生纠纷的重点人、重点户、重点村进行整治和防范，进行重点教育，早打预防针，早定措施，把纠纷消灭在萌芽状态。加强对各类纠纷的排查，掌握具体情况，做到心中有数，防患于未然。同村民自治组织配合，引导群众积极治贫，从解决实际问题入手，预防纠纷发生。关注村民与驻村企事业单位、建筑工地、外来人员之间潜在的纠纷，充分了解各方面情况，与有关单位领导沟通，建立联系热线，制订应急预案。另外，人民调解组织要为贫困户提供致富信息，帮助制订致富计划，使村民生活水平得以提高，文化和思想观念得以更新，从而减少纠纷的发生。

四是要加强法制宣传教育工作，增强农民的法律意识。要充分利用靠近中心城市智力资源丰富的优势，深入开展法制宣传教育活动。运用多种形式，多种手段，对农民开展各种喜闻乐见的法制宣传教育活动，结合各类典型案例，以案说法，以法育人，从而提高农民群众的法制观念，使他们懂得依法办事，依法维护自己的合法权益。把农村法制宣传教育与开展创建“文明村”、“五好家庭”、“遵纪守法光荣户”、“党员联系栏”等活动有机地结合起来，同步进行，以增强法制教育的实用性和针对性。注重法制教育与道德教育的有机结合，努力提高农民的思想道德水准，清除陋俗恶习，在思想上筑起一道法治、道德的防线，努力减少矛盾和纠纷的发生，维护农村社会稳定。

五是基层党委和政府要切实抓好调解组织的硬件和软件建设，切实保障人民调解工作的组织、工作、制度、报酬四落实。只有从工作上、生活上、报酬上多关心调解组织，多关心人民调解员，为他们提供必要的工作经费，创造良好的工作环境，才能保证农村的人民调解工作进一步向纵深发展。

六是加强纠纷调解的回访工作，巩固调解成果。从某县2004年调解纠纷的统计数字看，出现激化的纠纷中有70%是已经做了调解工作或暂时和好的纠纷。因此，调解人员要本着对人民群众高度负责的精神，尽职尽责地工作。通过实行岗位责任制，调动调解人员的积极性,对有可能出现反复的纠纷及时进行回访。要切实做到每月检查1次,每季度回访1次,每年总结1次,纠正实际工作中调解过后就撒手不管的现象,真正把矛盾消灭在萌芽状态。

七是要充分认识城郊农村农民群众对待调解依据的复杂性。城市和农村在对待调解依据时是有差异的,许多城市居民都是带着法律文件来要求调解,在调解的过程中也不时地"引经据典",以法律为依据提出自己的请求。农村中的调解与城市里的依法调解不同,农村中的调解更多的是依情调解,依理调解。城郊农村农民群众对待解决纠纷的心态既不同于城市也不同于乡村,是二者的混合体,既有重情理的一面,也有强调依法调解的一面,这说明城郊农村农民群众的心态更加复杂,调解的难度也会更大。

第二章　人民调解委员会

一、人民调解委员会的概念

人民调解委员会是开展人民调解工作的专门机构。人民调解委员会是我国农村村民委员会、城乡镇居民委员会和厂矿企事业单位下设的调解民间纠纷的群众性自治组织。按照我国有关法律的规定，在农村村民委员会、城乡镇居民委员会和厂矿企事业单位设置人民调解委员会，负责调解本辖区的民事纠纷。人民调解委员会是群众性自治组织，不是国家机关。

二、人民调解委员会的工作原则

人民调解委员会的工作原则反映了人民调解工作的基本思路，《人民调解委员会组织条例》对人民调解委员会调解工作应遵守的基本原则做出了具体规定。

（一）依法调解原则

在调解民事纠纷时要依据法律、法规、规章和政策进行调解，不论是在程序上、依据上，还是在调解范围上，都不得与国家现行法律、法规、政策相抵触。在调解纠纷的程序上，要尊重当事人的意愿，不得强行调解和限制纠纷当事人的诉讼权利；在调解纠纷的依据上，要把国家的法律作为调解纠纷的主要依据，在国家法律没有规定的情况下依照现行政策，在既无法律又无政策可循的情况下则应依照社会公德来调解；纠纷经调解后达成的协议也必须符合法律和政策规定，违反法律规定的调解协议是无效的。

（二）公正原则

调解必须在充分考虑双方当事人利益的基础上进行，不能偏向一方，调解人员不能因为与一方当事人有亲属关系或其他利害关系而对另一方当事人作强迫的、不公正的调解。公正是贯穿于整个调解活动全过程的基本原则，也是调解能否成功的关键，只有在双方当事人感到调解方案公正的情况下，才有可能接受调解。

（三）自愿原则

调解必须在双方当事人自愿的基础上进行。其含义包括两个方面：一是要尊重当事人的诉讼权利，要尊重当事人对解决纠纷途径的选择，是否通过调解解决纠纷，当事人有选择的权利。如果当事人一方或双方坚持向人民法院起诉，调解组织或调解人员不得干涉或阻拦，不得强行调解，不得因未经调解或者调解不成而阻止当事人向人民法院起诉。二是是否接受调解方案，能否达成调解协议，也要尊重当事人的意愿。

三、人民调解委员会的工作制度

制度建设是依法开展人民调解活动的重要保障，也是人民调解规范化建设的主要内容之一，主要包括以下几个方面。

（一）岗位责任制度

岗位责任制度是人民调解委员会各项工作制度建设的核心内容，它是通过明确调解人员的责任，确定具体任务，使责、权、利密切结合的一项制度。岗位责任制度的内容很多，形式多种多样，其中最基本、最主要的内容是“三定一奖惩”，即定人员、定任务、定指标，完成任务奖励，完不成任务减发一定比例的报酬或奖金。岗位责任制度的落实对于调动人民调解员的积极性具有很好的效果，各人民调解委员会要结合自身的特点，建立健全岗位责任制度。

（二）纠纷登记制度

纠纷登记是人民调解委员会调解民间纠纷的依据。人民调解委员会对纠纷当事人的口头申请或书面申请都应进行纠纷登记，详细记录当事人姓名、性别、年龄、工作单位、家庭住址、事由和登记日期，并且记录人要签名或盖章。人民调解委员会登记后，应对纠纷进行审查，对不属于人民调解委员会调解范围的纠纷，要在稳定事态发展的基础上，告知当事人到有关部门申请处理。对属于人民调解范围的纠纷，应以书面或者口头的形式告知当事人。人民调解委员会和调解小组均应设立专门的纠纷登记簿，由人民调解委员会每季度汇总后上报司法所或司法助理员。

（三）统计制度

统计制度是人民调解委员会的一项基本工作制度，对检查人民调解工作计划的落实情况、完成任务情况，研究分析矛盾纠纷发生发展的新情况、新特点，发现人民调解工作中的问题等具有重要意义 。人民调解工作统计制度包括以下几方面内容。

一是确定统计人员，建立统计簿册。人民调解委员会应设专人负责这项工作，根据实际工作需要，设立各种工作簿册。

二是设立统计表。人民调解统计表分两种，即人民调解委员会组织建设统计表和人民调解委员会工作统计表。司法部下发的人民调解统计表，设有明确的统计项目。地方各级司法行政机关可根据工作需要，在已有的项目中增加内容；人民调解委员会也可根据工作需要，增设统计项目。

三是统一统计标准。司法部下发的统计表中同时附有统计说明，人民调解委员会应按规定执行，避免漏报、重复上报的现象发生，确保统计数字的真实性和准确性。

四是及时汇总上报。人民调解委员会应于每月底将所登记并调解的民间纠纷按统计项目填表汇总，核对无误后上报司法所。人民调解委员会工作统计表每季度、组织建设统计表每半年由司法所（司法助理员）上报县、区司法局。

五是建立统计档案，设立统计台账。调解委员会各种登记簿册、统计表按时间、年限分类装订成册，建立统计档案和统计台账，保管备查。

（四）文书档案管理制度

文书档案管理制度也是人民调解委员会的基本工作制度，主要内容包括：设立保管人员，规定必要的查阅、保密管理办法，做好文书的审查、装订。调解文书包括纠纷登记的原始记录、调查笔录、调解笔录、调解协议书，以及调解委员会对调解未成功纠纷的处理意见及各种证明材料等。调解文书档案要求一事一卷，装订成册，一般保管期限为 3 年。

（五）回访制度

回访制度是指人民调解委员会对已调解的纠纷，特别是较复杂的或有可能出现反复的纠纷进行走访、了解情况的工作制度。回访制度可以使调解组织清楚地了解和掌握调解工作的效果，发现调解工作的不足，帮助、督促当事人履行调解协议，排除妨碍协议正常履行的各种隐患。人民调解委员会对调解的较复杂的纠纷、涉及多方当事人的纠纷、濒临激化的纠纷以及长时间的矛盾纠纷，在协议履行期间或调解后的一段时间里应经常进行回访。回访内容主要包括：了解协议的执行情况，发现影响协议履行的隐患；了解当事人特别是重点人的思想状况、行为有无反常，对调解协议的态度等;了解有无新的纠纷苗头及对调解人的意见和建议等。回访后,对影响正常履行协议的各种隐患、纠纷动向、当事人的思想状况等要进行分析研究,提出解决的具体办法。对有激化苗头的,要果断采取措施,重大事件要及时上报。对调解工作中的问题要及时加以纠正。

(六)纠纷排查制度

这是人民调解组织定期对辖区内的民间纠纷进行摸底、登记、分类处理的一项工作制度,是人民调解组织了解掌握纠纷信息,有的放矢地开展调解工作的重要方法,也是人民调解工作向党委、政府反映社情民意,参加社会治安综合治理的措施之一。各级人民调解委员会要高度重视纠纷排查制度建设,要结合本地区的实际情况,制订行之有效的纠纷排查制度。

(七)纠纷信息传递与反馈制度

是指通过各种渠道将民间纠纷的征兆或消息传送到人民调解组织,人民调解组织对纠纷信息进行分析研究和加工处理后,将具体的调解意见传回纠纷发生地或传送到有关部门,为科学地预测、预防、疏导民间纠纷提供依据的活动。各级人民调解委员会都要健全信息传递与反馈制度。纠纷信息传递与反馈制度的主要内容包括以下几点。

一是建立信息传递与反馈组织。一般由调解小组或调解人员担任纠纷信息员。

二是组织信息的传递。一种是纵向传递,是指将纠纷信息向上一级调解组织传递;另一种是横向传递,是指调解组织将信息传递给有关部门或共同调解的各个调解组织。传递的方式分为口头传递、书面传递、电话传递等。

三是做好信息的加工处理。人民调解组织应对获取的信息进行分析，按照矛盾纠纷的性质、轻重缓急进行处理，对可以解决的提出调解意见，并反馈给基层组织；对带有普遍性、规律性、多发性的矛盾纠纷，在调解的同时要提出预防、疏导的措施和建议；对容易激化的纠纷、群体性纠纷、群体性械斗应在稳定事态发展的基础上，报告基层人民政府或有关部门处理。

四是及时进行信息反馈，保障信息渠道的畅通。这样可以使调解组织和有关部门及时掌握纠纷情况，了解上一级调解组织的调解意见，便于有效疏导、调解。

（八）会议、学习制度

各级人民调解委员会都要健全会议、学习制度。一般是乡镇调解委员会每月召开1次调解主任会议，村调解委员会每月召开1次调解委员会议。会议的内容主要是检查本月工作情况、分析纠纷动向、研究疑难纠纷调解方法和预防纠纷的措施，学习有关政策和法律，交流人民调解的信息和工作经验。

（九）请示、汇报制度

各级人民调解委员会都要健全请示、汇报制度。一般来讲主要内容应当包括：调解委员会主任每月要主动向乡镇司法所汇报当月纠纷发生、调解及排查情况，对调解工作中遇到的疑难问题应及时汇报、请示。对于可能造成重大影响的潜在纠纷，如群体性事件、有可能“民转刑”的纠纷或者有可能造成大规模冲突的纠纷要在第一时间向有关部门和领导汇报，以便调动各方面的力量来阻止纠纷的发展。

（十）纠纷移交制度

各级人民调解委员会都要健全纠纷移交制度。对超出人民调解范围的纠纷和明文规定由其他部门处理的纠纷，应及时上报司法助理员或移送有关部门处理。人民调解委员会要明确纠纷移交的程序和责任，特别要强调移交前应做好疏导工作，以防矛盾激化。

（十一）考核评比制度

这是岗位责任制度的具体体现，人民调解委员会应按责任制要求，制订相应的考核评比办法，要奖优罚劣，切实起到激励作用。

四、城郊农村人民调解委员会的设置

在城郊农村实行乡、村两级人民调解委员会的设置。首先，在村委会下设人民调解委员会，这是最基本、最常见的设置。其次，在乡镇一级设置乡镇人民调解委员会，有些地方叫做调解中心。乡镇人民调解委员会是人民调解组织的新形式，由辖区内设立的村级人民调解委员会主任、本乡镇的司法助理员和在本乡镇辖区内居住的懂法律、有专长、热心于人民调解工作的社会志愿人员组成。

城郊农村人民调解委员会规模的大小、组成成员的多少、管辖区域范围的大小，都必须依据农村的实际情况而定，不可千篇一律。根据多年的实践经验，以农村的自然村为单位，建立人民调解委员会比较合适。从当前农村的人口分布情况看，一般村庄在200～500户左右，超过500户的为大村，小于200户的为小村。在小村可建立3～5人的调解委员会，中村可建立5～7人的调解委员会，大村可建立7～9人的调解委员会。如果以每户有5个人计算，每个调解员可负责50～100户，200～500人左右。实践证明，按照这个比例建立调解委员会和配备调解委员，是能够及时发现纠纷和迅速解决争端的。

五、城郊农村人民调解委员会组成人员的产生及任期

城郊农村人民调解委员会由主任、副主任和委员组成，设主任1人，委员人数较多或者主任兼职过多时可设副主任1人，副主任协助主任工作。主任、副主任一般应在委员中选举产生。但乡镇、街道人民调解委员会主任一般由司法所所长、司法助理员兼任。城郊农村人民调解委员会主任的主要职责是组织开展人民调解工作，向村民委员会和上级主管部门报告人民调解工作情况和重大纠纷信息，组织、传达和贯彻、落实党委、政府和司法行政部门对人民调解工作的指示、要求、工作安排和部署等。

城郊农村人民调解委员会委员（简称人民调解员或调解员）是在基层人民政府的指导下，由群众民主选举产生的。农村的人民调解委员由村民代表大会或村民大会选举产生。选举时要注意充分发扬民主，先由群众酝酿提名或由党政领导研究提名，交群众广泛讨论，然后按照民主集中制的原则进行选举，这样才能选出既符合条件，又受群众拥护和信任的调解委员。调解委员选举产生后，由全体委员在当选的委员中选举产生调解委员会的主任和副主任。

为了使调解委员会能充分发挥作用，最好推选有群众威信、德高望重的普通群众和党员、退休的老职工、老干部以及不担任主要领导工作的一般干部担任调解委员。在调解委员会中要有一定数量的妇女参加，以利于调解涉及妇女权益的大量婚姻家庭纠纷。在多民族聚居的地区，调解委员会中必须有少数民族人员参加，以利于调解涉及少数民族利益的各种纠纷。

城郊农村人民调解委员会委员的任期应与村民委员会的任期相同。人民调解委员会委员除由村民委员会成员兼任的以外，其

余的由群众选举产生，任期3年，可以连选连任。选举出的人民调解委员在任期内，要密切联系群众，听取群众的批评，接受群众的监督。对严重失职或违法乱纪的委员，人民群众有权予以罢免或撤换。委员如因故不能任职，或任职期间调离、迁出本辖区，其调解委员的资格自然取消，由原选举单位补选；遇有严重失职或违法乱纪的，由原选举单位撤换。为了正常的开展调解工作，遇有这种情况可通过缺额补选的办法加以解决，而不能由上级机关或基层领导加以指定。

六、城郊农村人民调解委员会的任务

城郊农村人民调解委员会的具体任务主要有以下几项。

(一)调解民间纠纷

这是人民调解委员会首要的、根本的任务。发现纠纷后要及时进行调解，争取使双方握手言和。有纠纷就必须解决，否则会危害社会的稳定，也会给双方带来麻烦。通过及时化解纠纷，维护社会稳定。

(二)通过调解工作进行普法宣传，提高村民的法律素质

通过调解进行普法宣传更有利于使群众接受，要结合具体的调解工作宣传相关的法律、法规、规章和政策，教育村民遵纪守法。针对农村群众的思想状况，开展多种形式的法制宣传教育，增强群众的法制观念。当前，要着重宣传有关社会治安综合治理的法律、法规和政策，教育广大农村群众积极参加整治农村社会治安的活动，促进综合治理工作的深入开展。

（三）向村民委员会、基层人民政府反映民间纠纷和调解工作的情况及建议

城郊农村人民调解委员会的一项重要任务就是担任党和政府的观察哨，党和政府需要及时了解社情民意，需要及时掌握纠纷发生的动态，以便及时采取防范措施。人民调解工作者要有政治意识和大局意识，要及时反映纠纷的动态，尤其是那些群体性事件及可能发展成恶性案件的纠纷。

（四）开展民间纠纷排查工作，努力做好纠纷的防范工作，防止纠纷激化

人民调解工作的一个更重要方面是预防纠纷的发生，及时预防和调解民间纠纷，化解人民内部矛盾。城郊农村人民调解组织要认真研究新形势下城郊农村民间纠纷的特点、规律、激化条件，做好预防工作。

（五）努力探索人民调解工作同加强基层民主政治建设相结合的做法和经验

要积极协助村委会开展依法建制、依法治村、民主管理活动，帮助建立健全村民议事、村务公开等制度，制订以村规民约为主体的各种行为规范，促使广大干部群众自觉遵守、相互监督执行。

（六）开展多种形式的社会主义精神文明建设活动

城郊农村广大调解组织要配合有关部门，开展创建“文明村”、“文明乡镇”、“五好家庭”等活动，净化农村社会风气，弘扬社会主义道德风尚。

（七）协助有关部门，做好农村刑满释放、解除劳教人员的帮教和安置工作，协助做好社区矫正工作

所谓社区矫正是与监禁矫正相对应的行刑方式，是指将符合社区矫正条件的罪犯置于社区内，由专门的国家机关在相关社会团体和民间组织及社会志愿者的协助下，在判决、裁定或决定确定的期限内，矫正其犯罪心理和行为恶习，促进其顺利回归社会的非监禁刑罚执行活动。社区矫正对象目前仅适用于被判处管制、被宣告缓刑、被暂予监外执行、被裁定假释和刑满释放后继续被剥夺政治权利的非监禁刑的5种罪犯。农村人民调解委员会应当协助做好社区矫正工作。

需要强调的是城郊农村人民调解工作的宗旨是努力做到调防结合，以防为主，努力防止矛盾激化。调解民间纠纷是人民调解委员会的重要任务，但不是惟一任务。城郊农村人民调解委员会更重要的任务是预防纠纷的发生，工作的重点应当放在预防上，工作重心要前移，不能被动等待纠纷发生后再开展工作。要注意建立信息收集和反馈机制，对潜在的矛盾要提前做好化解工作。

在工作中要紧紧围绕化解民事纠纷、维护社会稳定这一主题，不断拓宽工作领域。要树立“大服务”的思想，强化人民调解工作的职能。不能简单地将其理解为仅是调解民间纠纷，防止矛盾激化。除此之外，调解组织还应按照“大服务”的思想，拓宽视野，通过开展法制宣传，参与依法治村，参与群防群治，为农村的改革、发展和稳定提供法律服务。

七、加强城郊农村人民调解委员会的自身建设

关于城郊农村人民调解委员会的自身建设，全国各地都很重

视，并进行了积极的探索，积累了不少经验。纵观各地的经验，主要包括以下几个方面。

（一）建立健全城郊农村人民调解组织，形成“大调解”格局

基层人民调解组织的建设，应结合以加强村党支部为核心的基层组织建设，按照《人民调解委员会组织条例》的要求，把村级人民调解委员会建设好，进一步完善人民调解组织网络。前面说到城郊农村人民调解委员会是两级设置，那是基本要求。在实践中，除了要达到基本要求外，还要积极探索调解委员会设置的新途径。

在调解组织的网络化建设方面，山东省的“大调解”格局比较典型。1994 年山东省司法厅在全省推广了“昌邑经验”，提倡建立“大调解”格局。所谓“大调解”，即在县一级成立民事调解委员会，乡镇设立民事调解中心，工作片设置调解网，行政村建立调解委员会，村民组配有调解小组，每 10 户配置 1 名人民调解员，基本上形成“县、乡、片、村、组、户”6 级调解工作网络。此后，山东全省各县(市)、区纷纷下发文件，系统规定了民调委组成人员、民调委职责、民调委办公室职责等问题。民调委大都由党委分管书记任主任，政府、人大分管领导及政法委书记任副主任，公、检、法、司等 20 多家有关部门负责人任委员。民调委办公室设在司法局，由司法局局长兼任办公室主任。民调委的主要职责是制订民调工作总体规划，指导协调民调工作，组织纠纷排查活动，调解重大疑难纠纷，提出检查评比及奖惩意见等。山东省枣庄市峄城区和济南市长清县等还在“大调解”的基础上发展建立了“四长坐堂”制度，即公、检、法、司 4 个部门负责人定期、定时、定地点，进行现场办公，直接参与调解民事纠纷。山东省即墨市围绕维护稳定，服务大局，创造性地在基层实施“大调解”的“三个一工程”，即乡镇干部每人配备 1 本纠纷排查簿，每个乡镇高标准建起 1 处中心调解室，每半个月设立 1 个联合调解日。从而使基层纠纷，特别是重大疑难易激化纠

纷的调解走上了规范化的轨道，初步实现了小纠纷不出村，大纠纷不出镇的目标。

在调解委员会的设置方面还要注意不留死角，做好接边地区的调解工作。行政区域的接壤地带多为“三不管地带”，容易出现调解的盲区。省与省、市与市、县与县、乡与乡以及村与村之间要加强联合调解工作。山东省司法厅与河北、河南等省司法厅联合下发了《关于加强接边地区人民调解工作的指导意见》，表示要进一步加强联合调解工作。山东省莱芜市钢城区立足于厂、村交融的实际，在厂、村结合部组建了多处厂地联调组织，使纵向单一的组织形式，向纵横交错的联合形式转变，进一步严密了防范措施，完善了调解网络，促进了联合调解工作的健康发展。

在城郊农村要积极探索采取多种形式在工农结合部和城乡结合部建立联合调解组织，在乡镇企业、较大的村办企业、集贸市场、外来人口聚居区建立调解组织，努力实现调解组织的网络化。天津市红桥区大胡同商贸区是天津市最大的小商品集散地，在区域经济发展中占有重要地位。伴随着市场交易的繁荣，经营者与消费者之间、经营者与经营者之间发生的各种纠纷也呈大幅上升的趋势，成为影响当地安全稳定的一个重要因素。针对这种情况，天津市在大胡同商贸区设立了人民调解委员会，积极调解各类矛盾纠纷，为维护商贸区的稳定做出了贡献。

城郊农村还要特别注意在一些容易引起纠纷的特殊地域建立调解委员会。北京市朝阳区在工地建立人民调解委员会的做法很有特色。朝阳区地处北京市的城乡结合部，奥运村和中央商务区的建设规模很大。针对本区已经成为“大工地”的特点，对于因施工引起的纠纷十分关注。首先对纠纷的特点进行了认真的研究，发现涉及施工的纠纷从表现形式来看主要有两大类。一类是发生在施工单位与周边居民之间的扰民和民扰纠纷；二是发生在施工单位内部的劳资纠纷。这两类纠纷的危害性很大，涉及面比较广，如果不注意及时化解，往往容易酿成集体上访等群体性事件，或者造成“民转刑”的严重后果。朝阳区将涉及施工的纠纷作为调解工作的重点，创造性地在工地建立了临时调解委员会，并开展了卓有成效的调解工作。通过一段时间的努力，初步摸索出了此类纠纷调解的规律，建立了工地调解委员会，其工作职责是在街道司法所的指导下，负责调解施工单位内部的劳动争议，以及与周边居民之间因施工引发的各类纠纷。主动开展工作，定期排查纠纷，及时消除了纠纷隐患。在工地职工和周边居民中开展有关建筑施工的法律、法规的宣传工作，营造良好的法律氛围，为纠纷的成功调解奠定基础。

此外，全国上下还涌现出了其他一些新型的调解机制，在实践中也是值得借鉴的。如江苏省南通市在对区、县、乡镇、街道社区等各类基层调解组织和力量进行整合的基础上，建立人民调解、行政调解和诉讼调解相结合并职能联动的社会矛盾纠纷“大调解”机制；上海市浦东新区个体劳动者协会、私营企业协会经司法行政部门批准，成立了第一个行业性调解委员会，有效地调解了行业内的一些重大纠纷，而且举办各种类型的法律培训；贵州省天柱县根据民族传统设置了人民调解会议庭；江苏省无锡市市政管理处在民工队伍中设立调解组织等等。这些有益的尝试，值得进一步借鉴、推广。

(二)大力开展城郊农村人民调解组织的整顿工作

重点整顿瘫痪、半瘫痪的调解组织，有领导、有计划地把处于软弱涣散和瘫痪状态的人民调解组织整顿好、建设好。对这些调解组织，要摸清情况，抓准问题症结，根据不同情况采取相应措施，逐个加以整顿，要通过整顿增强调解组织的战斗力。北京市司法局非常重视对调解组织的整顿工作，于 2003 年下发了《关于全市人民调解组织整顿建设工作的意见》，决定分三个阶段对现有社区和村调解组织进行整顿。第一阶段进行思想发动，统一认识；第二阶段结合社区、村委会换届，调整、建立调解组织，做好人员选聘工作；第三阶段建立规章制度，组织检查验收。经过整顿，调委会面貌焕然一新，组织健全，制度完善，人员素质明显提高，平均年龄45岁，比上一届下降6岁，大专以上学历人员占90%，比上一届提高了30%。

(三)加强城郊农村人民调解组织的规范化建设

规范化人民调解委员会的基本标准是：组织健全，制度完善，纠纷发生率逐年下降，无因民间纠纷激化引起的刑事案件，具备必要的办公场所和办公条件。

为加强人民调解工作的规范化建设，强调在调解工作中严格工作方式、工作程序和工作纪律，增强人民调解工作程序的公正性，克服工作中的随意性，北京市司法局制定了“六统一”的规定，具有一定的典型意义和示范作用，其主要内容如下。

第一，人民调解委员会名称的统一。人民调解委员会包括居(社区)人民调解委员会、村人民调解委员会、企事业单位人民调解委员会、集贸市场人民调解委员会、街道人民调解委员会、地区人民调解委员会、乡人民调解委员会、乡镇人民调解委员会。以前，村(居)调解委员会的名称不统一，很不规范，还有的与司法调解中心或办公室等重叠设立，混用名称。通过实行“六统一”，将居(社区)、村人民调解委员会的名称统一为：北京市××区(县)××街道(地区、乡、乡镇)××居(社区)、村人民调解委员会；街道(地区、乡、乡镇)人民调解委员会的名称统一为：北京市××区(县)××街道(地区、乡、乡镇)人民调解委员会。统一人民调解委员会的名称，确保了调解的合法性，而且便于规范化管理。

第二，人民调解委员会印章的统一。最高人民法院的司法解释明确规定“加盖人民调解委员会印章”是调解协议具有法律效力的必要条件之一。而以前的情况是有的调解组织刻制了印章，有的没有单独刻制印章，采取与居民委员会合用的方式。人民调解委员会的印章形状不一，大小不一，有些印章是圆形的，有些印章是菱形的。通过实行"六统一"，全市人民调解组织按照统一式样刻制印章。印章为圆形，中间为五角星图案，印章的内容按人民调解委员会名称刻制。印章的规范统一，有利于维护当事人的合法权益，维护人民调解工作的公信力。

第三，人民调解委员会固定调解场所标识的统一。以前，人民调解委员会没有统一的标识，通过"六统一"，确定人民调解委员会固定调解场所标识为圆形，底色为金色，图案由绿色麦穗、黑色"人民调解"汉字和拼音字样及红色握手图形组成的心形构成。在固定的调解场所内设立标识，可以为当事人创造和谐的环境和气氛，使调解工作更好地发挥作用。

第四，人民调解员徽章的统一。以前，调解人员没有挂牌上岗制度，现在全市进行了人民调解员等级评定工作，全市人民调解员分为一级、二级、三级。人民调解员徽章底色为银色，左侧为统一的调解委员会标识图案，右侧为红色"人民调解员"汉字和拼音字样，徽章背后刻一级、二级、三级标志。人民调解员佩戴徽章进行调解工作，有利于提高人民调解员的工作热情，提高调解工作的社会公示力。

第五，调解工作程序的统一。以前，人民调解工作没有一套完整的工作程序，导致调解工作不规范，存在很大的随意性。通过实行"六统一"，从受理调解申请到出具调解协议书，制定了一套规范的工作程序，提高了人民调解工作的质量，保障了人民调解工作的稳定、健康发展。

第六，调解文书格式的统一。调解文书包括调解申请书、民间纠纷受理调解登记表、调查笔录、调解笔录、人民调解协议书、回访笔录。以前，有的调解组织只有调解登记表，没有其他的调解文书，文书格式也极不规范。如果对调解出现争议，不规范的调解文书可能会影响调解的效力。通过实行“六统一”，全市人民调解文书规范统一，保证了人民调解文书的合法性、准确性。

实行“六统一”，将人民调解工作引入到规范化的轨道，加强了人民调解工作的规范化建设，加大了依法调解的力度，提高了依法调解的质量，从整体上实现了人民调解水平的提高。北京市规范化调委会进一步发挥了人民调解工作在化解人民内部矛盾中的作用，使其更加适应首都在维护社会稳定方面严格的要求和标准，从而确保首都社会稳定和政治安定，促进了首都的经济发展。

（四）加强城郊农村人民调解庭建设

调解庭是开展人民调解工作的重要场所，应当重视调解庭的建设。现在全国有不少地方建立了人民调解庭，向人民调解规范化建设方面迈出了坚实的一步。其中，北京市海淀区羊坊店街道的温馨调解很有特色，值得推广。海淀区司法局认识到，调解应当注重人与人之间的关系，注重情感氛围的渲染。纠纷双方当事人由于发生了矛盾，一般都是“心不平，气不顺”，尤其是在调解开始时，双方当事人往往表现出强烈的对立情绪。因此，必须创造一个温馨的调解氛围。以往的调解大多模仿法庭审判，这种“法庭式”的调解给人以生硬的印象，不利于调解的成功。海淀区司法局以羊坊店街道为试点单位，积极探索以人为本的调解新模式。经过试点，证明是成功的，并很快在全区推广开来。所谓“温馨调解”，是指在调解的过程中，始终坚持以人为本的原则，努力做到调解环境像家一样温馨。首先，设计了调解庭的背景图案。整个背景以浅蓝色为底色，由该人民调解委员会名称与人民调解委员会固定调解场所统一标识等共同构成了形象、生动的图案。其次，简单巧妙地摆设桌椅，采用“圆桌会议式”摆设，体现了当事人之间以及与人民调解员之间的地位是平等的。在桌子中间摆放鲜花或盆景，使双方当事人如沐春风，有助于平息激动情绪。最后，调解委员会将有关调解秩序、调解程序、调解员规则、当事人规则以及调解委员会人员组成等内容上墙公示，使当事人一目了然。在调委会组成人员公示栏中，公布调解人员姓名，并张贴本人照片，拉近了人民调解员与当事人之间的距离。

重庆市所属合川市司法局创新组建流动人民调解庭的做法也很有特色。该局在39个镇(街)建立了流动人民调解庭，以制度化、规范化建设为起点，制定了流动人民调解庭的纠纷受理登记制度、纠纷调查制度、纠纷调解制度、纠纷调解归档制度和流动人民调解庭重大疑难纠纷讨论制度等规章制度，规范了人民调解协议书应当包括的必要内容。流动人民调解庭走出办公室，将调解工作前移，深入农村田间院坝，主动上门调解民间纠纷。在调解纠纷的同时还向群众发放法律宣传资料近万份。现场调解纠纷达到了“调解一案，教育一片”的社会效果。2004年4月26日，合川市燕窝镇拱桥村二社村民唐永贵与唐良州因小事发生纠纷，拉扯中唐良州受伤，派出所多次调解无效，双方的矛盾不断激化，都通知在外打工的子女回来讨说法，准备集体械斗。镇司法所和镇流动调解庭到现场进行调解，按照调解程序展开调查，依法调解，最终使双方和解，签订了调解协议书，制止了一起即将酿成恶性事件的民间纠纷，当场赢得围观群众的掌声，也使在场群众受到深刻的法制教育(资料来源：合川理论武装在线)。

八、加强城郊农村乡镇调解中心建设

有些地方称乡镇人民调解委员会为乡镇人民调解中心，是由基层党委、政府统一领导，以基层司法所为依托，有关部门共同参与，依法化解人民内部矛盾的办事机构。

乡镇调解中心是人民调解制度改革创新的产物，是在原有的村级人民调解委员会的基础上设立的调解组织。近年来，北京市建立了两级人民调解组织，山东省建立县、乡、村三级人民调解组织，各地的共识是应当加强乡镇人民调解委员会的建设。

乡镇调解中心有10项职责，即：制订人民调解工作规划和具体实施意见；掌握并控制本地社会的全面情况，及时向党委、政府报告重大社情民意和热点、难点纠纷；组织、指导、监督基层调委会和各单位矛盾纠纷调解组织开展社会矛盾排查、调解工作；配合并协助信访部门接待来信、来访，疏导、调解重大矛盾纠纷，解决突发性事件；调解基层调委会调解不了的矛盾纠纷；调解跨村的矛盾纠纷；调解本辖区内有关单位之间产生的矛盾纠纷；指导“110”报警台和“148”法律服务热线的工作；调解各级领导和市调解中心交办和指定的矛盾纠纷；搞好社会矛盾的预测和调研，进行经验总结和情况交流。

建立健全乡镇调解中心的意义在于解决社会矛盾纠纷的关键在乡镇一级，抓住了这个环节就抓住了问题的重点。在乡镇一级普遍建立调解中心，并明确规定要做到农村的社会矛盾不出乡镇，可以有效地化解一大批长期没有解决的群体性、复杂性矛盾纠纷，能够取得良好成效。乡镇调解中心由分管政法的乡镇书记任主任，综治办专职副主任、司法所所长为副主任，办公室主任由司法所所长兼任，配备专、兼职工作人员，对于有效防范和妥善处理社会矛盾纠纷特别是重大群体性事件发挥了不可替代的作用。该机构具有以下优点：一是具有一定的权威性，能够代表党委、政府依照法律和政策公正合理地解决各类热点、难点问题；二是具有高效性，能够及时协调组织各方面力量，迅速解决可能引发群体上访或酿成治安刑事案件的矛盾纠纷；三是具有综合性，能够协调各有关方面力量共同处置矛盾纠纷，较好地解决了“单兵作战”的问题，赢得了人民群众的认可和赞同。近几年来，因企业改制、土地征用、拆迁安置和有关方面人员待遇等问题而引发的越级上访事件、群体性事件呈上升态势，这就使加强调解中心建设更为必要、更有现实意义。

建设好乡镇调解中心要健全、完善确保乡镇调解中心高效运作的综合体系，形成齐抓共管、协同作战的强大合力 。要不断健全、完善调解中心的“四个体系”，提高防控和化解社会矛盾纠纷的能力。一是健全坚强有力的组织领导体系。要形成各级党政机关直接领导，一级抓一级，层层抓落实的组织体系。各单位、各部门的主要领导实行“一岗双责”，对重大社会矛盾纠纷排查、调解工作负总责，分管领导具体负责。各级党政领导坚持定期听取社会矛盾纠纷排查、调解工作情况汇报，及时研究解决工作中遇到的新情况、新问题。二是健全、完善有效的组织网络体系。形成以乡镇调解中心为龙头，司法所为依托，村调委会为基础，覆盖城乡各地的组织网络体系。三是健全科学有效的工作运行体系。调解中心通过建立法律咨询、纠纷登记等制度，健全了日常接访、统一受理机制；通过建立联席会议、矛盾纠纷排查、及时调解和指派办理等制度，健全了依法调解、科学分流的机制；通过建立定期督办、办结上报、回访等制度，健全、完善了督办、回访机制，确保了调解中心工作的高效运作。四是健全坚实可靠的综合保障体系。各级党委、政府要重视调解中心基础设施建设，每年都要拿出相当的财力，改善调解中心的办公设备和工作条件，配备计算机、传真机等现代化办公设备和较好的交通工具，为进一步开展好人民调解工作打下坚实的物质基础。

第三章　城郊农村人民调解委员会委员

一、城郊农村人民调解委员会委员的任职条件

人民调解委员会委员(简称人民调解员或调解员)是人民调解工作的具体工作人员,人民调解的任务最终要由他们完成,他们的工作直接关系到调解工作的质量,因此必须严格其任职条件。人民调解员的任职条件包括以下几个方面。

第一,必须是成年公民。人民调解委员会是我国人民群众自我教育、自我管理、自我服务的群众性自治组织,它的成员必须是我国公民,而且必须是18周岁以上的成年公民。只有成年公民才具有完全民事行为能力,才具有独立分析和解决问题的能力,才能承担社会服务工作。

第二,必须为人公正。这是人民调解员应有的良好品质,也是首先必须具备的条件。人民调解员只有具备为人公正的高尚道德情操,真正坚持合理、合法的调解原则,才能为群众所信赖。陈容福是广东省东莞市沙角村的妇联主任兼调解主任,她做沙角村的“谈判专家”已经12年,经她调解成功的离婚纠纷、邻里纠纷、劳资纠纷不计其数,走出矛盾的人们都会亲切地叫她一声“福姨”。福姨说,做调解工作最重要的就是公正,以理服人。

第三,能密切联系群众。人民调解工作是一项群众性很强的工作,作为一名人民调解员必须热爱群众、了解群众、关心群众、倾听群众意见,并注意同群众打成一片。只有这样,才能得到群众的拥护和支持,及时掌握纠纷信息,查清事实,把调解工作做好。

第四，热心人民调解工作。即人民调解员应具备的工作态度和工作精神。人民调解工作是一项艰苦、繁重而又无名无利的工作，有时还会有一定的风险。这就要求人民调解员必须树立全心全意为人民服务的思想，发扬无私奉献的精神，爱岗敬业，对调解工作具有坚定的事业心和高度的责任感。

第五，有一定的法律、政策和文化水平。依照国家的法律、法规、规章和政策进行调解，是人民调解工作的一项重要原则。人民调解员熟悉和掌握与调解工作直接相关的法律和政策，是正确开展人民调解工作的前提和关键。特别是在实施依法治国、建设社会主义法治国家基本方略的新形势下，群众的法律意识和法制观念在不断增强，人民调解员要正确、顺利地开展调解工作，更需要不断提高自身的法律素质和政策水平。而且，人民调解员还应具备一定的文化水平，否则就很难提高其法律、政策水平。

选拔任命人民调解员要注意考虑个人威信与素质能力相结合。过去选拔任用人民调解员片面注重个人威信，主要考虑其在群众心目中的地位及说话的感召力，导致农村调解员大部分由年龄较高、文化层次较低的人担任。调解队伍虽经多年的调整培训，平均年龄有所下降，文化水平有所提高，但面对新形势仍存在三个不适应：即对调解经济纠纷不适应；对计划经济过渡到市场经济不适应；对群众法律素质的提高不适应。这主要表现在素质偏低、专业知识缺乏、调解方式单一、旧的调解经验难以奏效等方面。因此，必须对基层调解队伍进行调整，将一批有文化、懂法律、懂政策、能力强、素质高、办事公正、热爱人民调解工作的中青年人才选拔到调解岗位上来。人民调解员的选拔要注重利用社会资源，走专、兼职结合的道路。在长期的实践过程中，全国各地不断探索选拔人民调解员的新途径，形成了以下这些值得借鉴的典型经验。

一是试行职业调解员。据《文汇报》2004 年 11 月 10 日报道，上海市 001 号调解员在全国第一个打出个人品牌的人民调解工作室——“杨伯寿工作室”，已在杨浦区延吉新村社区挂牌成立。这标志着上海市的人民调解工作迈上了专业化、职业化之路。杨伯寿曾任王震将军的经济参谋，进修于英国剑桥大学，他从市政府副局级岗位离休后，在延吉新村社区从事义务人民调解工作 11 年，经手处理各种民间纠纷 1 839 起，调解成功率在 95%以上，在社区享有崇高的威望。他通读民事法律、法规，写下了厚厚的十几本调解笔记，撰写了《杨伯寿调解工作法》。据悉，杨伯寿同志每天必看中央电视台《今日说法》节目，边看边做笔记增加法律知识。“杨伯寿工作室”的成立，使义务调解开始向职业性专业化调解转变。这个由 4 名调解员组成的工作室，现已与社区签约，社区在司法信访综合服务窗口为工作室提供了 4 间调解室，并每年支付给工作室办公经费和劳动报酬共计 13 万元人民币，工作室除了直接受理社区内的调解案件外，还接受社区交办或移送的各类民事纠纷调解案件，案件受理的范围也从邻里家庭纠纷，扩大到企业单位与居民的各类纠纷，进一步提高了社区自治水平。职业调解员的经验告诉我们，在条件成熟的地方可以考虑适当引入市场机制，用物质刺激的手段来强化人民调解员队伍。

二是利用各种社会资源充实人民调解员队伍。据《潇湘晨报》2005 年 7 月 26 日报道，湖南省攸县网岭镇里旺村实现连续 13 年无一起刑事案件，无一起重大治安案件，无一起矛盾纠纷出村，司法部向全国推广了该村人民调解工作的经验。其中的经验之一就是该村注重发挥全村党员、退休干部、在当地有影响有威望的社员以及村老龄协会、妇女协会等群众自治组织的积极作用，整合各方面的力量共同参与人民调解工作。尤其是对一些邻里、家庭等多发性的轻微纠纷，因人、因事而异，由一些义务调解员采取各种灵活的手段做好调解工作。许多矛盾纠纷通过群众的自治、自律、互助，化解在萌芽状态，达到了事半功倍的效果。里旺村的经验告诉我们，各村要因地制宜，结合本村的实际情况，广泛发掘人民调解的人力资源，不断强化人民调解员队伍。

二、城郊农村人民调解委员会委员的劳动报酬与奖惩

（一）城郊农村人民调解委员会委员的劳动报酬

人民调解员的劳动报酬，是指那些无固定工资收入的人民调解员，因从事民间纠纷的调解工作而耽误自身的生产劳动时，理应得到的一定数额的经济补偿。合理妥善地解决人民调解员的劳动报酬是一个重要且不容忽视的问题。

1. 提高人民调解委员会委员劳动报酬的意义

（1）有利于调动人民调解员工作的积极性　人民调解员在调解处理民间纠纷时，往往会耽误自身的生产和工作。特别是在农村，农业生产不再吃“大锅饭”，户户有责任田、人人有事情做。人民调解员做调解工作耽误自身生产劳动时，应当给予一定的经济补贴，否则难以提高其工作的积极性。

（2）能够使人民调解工作受到一定的重视　解决好人民调解员的劳动报酬问题，是关系到人民调解工作是否受到重视的问题。如果人民调解工作不受重视，那么势必影响到人民调解组织队伍的稳定，致使调解人员人心涣散，对调解工作掉以轻心，高兴时抓一阵，不高兴时则放任自流。

（3）有利于提高工作效率　适当地将经济效益与调解工作效率相结合，可以防止人民调解员推脱、延缓工作，能够提高其工作积极性，促使其及时处理民间纠纷，为群众排难解忧，进而提高其调解工作的效率。

2. 解决人民调解员劳动报酬的方法　要想解决人民调解员的劳动报酬问题，首先要解决资金来源，实践中主要有以下几种方

法。

(1)由国家财政拨款解决　对于人民调解工作国家给予一定的财政补贴。除用于解决调解组织必需的办公费、人员培养费、学习资料费以及表彰奖励费外,还可以用来解决调解人员的劳动报酬。当然由于国家财力有限,这部分经费是很少的,很难满足实际需要。

(2)基层组织集资　这里的基层组织是指设立人民调解委员会的村或村民小组。人民调解委员会是群众性的自治组织,其劳动报酬也可以由基层组织自行集资解决,即从各地村或村民小组的集体提留资金或乡的财政收入中集资解决。

(3)基层法律服务机构集资　根据党中央关于"司法部门要积极为经济建设提供法律服务"的精神,全国各地先后建立了乡镇司法办公室或乡镇司法所。这些乡镇司法办公室或乡镇司法所,可以为群众提供法律咨询、代写法律文书等方面的服务,在服务过程中可以收取一定的服务费用,从这些费用中可以提取一部分来解决调解人员的劳动报酬。

(4)厂矿企业予以赞助　有些地区的工厂、企业、矿山、农场、林场、渔场等单位的职工生活区与当地居民、村民生活区混在一起,这些地区的人民调解委员会既要调解本辖区内居民或村民的民间纠纷,又要调解上述厂矿企业中职工间的纠纷。所以这些厂矿企业可以抽出一定资金对人民调解委员会的工作予以资助,这笔资金就可以用来解决调解人员的劳动报酬。

3. 人民调解员劳动报酬的分配方法　在解决资金来源的基础上,还需要解决对劳动报酬如何进行分配的问题。实践中大多是在全年纠纷发生基数 、纠纷调解成功率、全年基本报酬的调解工作责任制前提下,采取以下几种分配办法。

一是在实行人民调解承包责任制中,调解人员的劳动报酬在全年基本报酬的基础上上下浮动,奖优罚劣,年终结算。

二是人民调解委员会主任、副主任每月按固定工资予以补贴，其他调解人员因参加调解和参加会议而误工的，根据考勤记录，按照一定标准予以补偿，年终结算。

三是人民调解委员会主任或委员由村委会干部兼任的，每月按固定工资予以补贴。

(二)对城郊农村人民调解委员会委员的奖惩

为了鼓励和调动调解人员的工作积极性，促进人民调解工作的开展，必须建立科学合理的奖惩机制。

1. 奖励　凡是符合下列条件之一的人民调解员，应给予奖励。

第一，长期从事人民调解工作，勤勤恳恳，任劳任怨，全心全意为人民服务，为维护社会安定、增进人民团结做出突出贡献者。

第二，在防止民间纠纷激化工作中，积极疏导，力排隐患，临危不惧，挺身而出，对制止恶性案件发生或减轻危害后果做出突出贡献者。

第三，在纠纷当事人准备或正在实施自杀行为的紧急时刻，及时疏导劝解，采取果断措施，避免当事人伤亡的。

第四，刻苦钻研人民调解业务，认真总结人民调解工作经验，勇于改革开拓，对发展人民调解工作理论、丰富人民调解工作实践做出突出贡献者。

第五，忠实于法律、事实和人民利益，秉公办事，不徇私情，不谋私利，事迹突出者。

第六，认真进行排查，及时掌握民间纠纷激化信息，为防止或减轻因民间纠纷激化引起的重大刑事案件、械斗事件及其他群体性事件的发生做出较大贡献者。

第七，在维护社会安定、增进人民团结等其他方面做出重大贡献者。

对人民调解员的奖励分为精神奖励和物质奖励两种方式，以精神奖励为主，以物质奖励为辅。对人民调解员的精神奖励是授予荣誉称号，如模范人民调解员、优秀人民调解员和先进人民调解员等；对于事迹特别突出、贡献特别大的人民调解员，给予命名表彰。优秀人民调解员曹发贵就是很好的例子。曹发贵是安徽省和县乌江镇黄坝村的党支部书记、村人民调解委员会主任，他为了农村的安宁和繁荣，最后倒在了自己所热爱的土地上。2004 年 7 月 27 日，司法部追授他为“模范人民调解员”；8 月 2 日，安徽省委、省人民政府追授他为“优秀村党支部书记”、“模范人民调解员”荣誉称号并追认为烈士。

对人民调解员的物质奖励除直接发给奖金以外，还可以采取固定工资与浮动工资（奖励）相结合的办法。具体做法是将调解主任工资的一部分（比如 30%）归乡镇统一管理，奖惩直接与调解工作实绩挂钩。

在物质奖励方面的一个重要探索是调解主任职业化。为增强调解主任的责任感、使命感，将各村的调解主任全部实行统一管理、统一建立健全档案，工资集中统一发放，将调解主任职业化，层层签订目标责任书，和村两委班子一样定奖惩、定考核，一样接受群众评议。山东省的一些地方制定了“三优先”和“三不准”奖惩制度。对在民事调解中做出突出贡献的人民调解员进行一定数额的物质奖励，并做到“三优先”（优先安排子女到村办企业工作、优先提拔重用、优先考虑评先树优）。同时，对调解责任意识不强、调解措施不力的撤销其调解委员资格，并做到“三不准”（不准作为党员发展对象、不准评先树优、不准进村委会班子）。通过采取以上措施，使全体调解人员既提高了工作热情又牢固树立了责任意识和竞争意识。

2. 处罚 只有奖励是不够的，还要注意奖励与处罚相结合。对严重违反职业道德和纪律的人民调解员要给予适当处分，造成严重后果的，应当加重处罚。处罚的方式包括通报批评、写检查、训诫、取消相应的荣誉称号、撤销人民调解员职务、扣发工资和补贴等。关于对人民调解员的处罚目前尚无法律的严格规定，各地方可结合本地的实际情况，制订行之有效的处罚办法。在进行处罚时要注意两点：一是处罚要有根据，包括违反职业道德和纪律的事实根据和相应的处罚文件根据，要杜绝处罚中的随意性；二是要注意处罚的程序必须明确、合法，要允许受处罚的人民调解员进行申辩，要保证其合法权益的实现。

三、城郊农村人民调解委员会委员应遵守的职业道德和纪律

(一)城郊农村人民调解委员会委员应遵守的职业道德

职业道德是指在一定的职业活动中所应遵循的、具有自身职业特征的道德准则和规范。在人民调解工作中，人民调解员也应遵守职业道德。人民调解员应遵守的职业道德包括以下几个方面。

1. 坚持原则　调解并不是没有原则的，调解工作必须坚持依法调解，公平公正。在合法、公平的前提下，本着互谅互让的精神进行调解。要始终做到公正无私，刚直不阿，为人正派，按照法律、政策和社会公德进行调解。对群众一视同仁，调解纠纷不偏不倚，不徇私舞弊，不打击报复。据《江西日报》报道，陈文龙是江西省南昌县塘南镇的首席人民调解员，以他为首的人民调解委员会和塘南镇司法所，近年来曾受到司法部表彰 2 次，受省级表彰 18 次。2002 年农村电网改造时，某供电所工作人员安装的变压器附件与变压器容量不符，导致该镇某村二组的民用变压器在电网改造后 3 个小时被烧毁，可该所的工作人员强硬地认为是村民窃电所致，

拒不承担责任。该所领导还私下找到陈文龙递烟请酒，希望陈文龙不要帮村民说话，但均被他一一回绝。最后，陈文龙通过各种渠道，找到了有力证据，使供电所承担了全部责任，为村民讨回了公道。事后他说："人民调解员不站在公正这一边，不依法办事，对不起良心"。

2. 爱岗敬业 人民调解工作很清苦、很琐碎，没有多少报酬，基本上是义务的，需要一副热心肠。只有喜欢这个岗位，热心于人民调解工作，热爱人民调解工作，不怕艰苦，不怕麻烦，不计较个人得失，心甘情愿为群众排难解忧，全心全意为人民服务，才能做好这项工作。

3. 热情服务 城郊农村人民调解委员会是基层群众性自治组织，不是政府机构，人民调解的服务功能很强，人民调解员靠的就是热情周到的服务赢得群众的信任。因此，人民调解员要紧密联系群众，熟悉群众的生活、思想、工作情况，认真倾听群众心声，并积极向上级反映群众的意见和要求。人民调解员要做到"五心"，即一句热心的问候、一张耐心的笑脸、一杯暖心的热茶、一套温馨的言行、一份舒心的协议。

4. 诚实守信 诚实守信是道德的基础，作为人民调解员必须坚持诚实守信的原则。不仅要对当事人进行诚实守信教育，而且还要身体力行，靠自己的诚实守信赢得当事人的信任。"其身正，不令则行"，所以人民调解员必须以身作则，模范践行道德准则，才能扎扎实实地做好人民调解工作。

5. 举止文明 人民调解员的言谈举止要文明，语言和行为切忌粗俗，衣着要尽可能朴素大方。不要讲粗话、脏话，不要乱许愿、乱吹牛。不要随地吐痰、乱扔烟头。不要袒胸露怀、随便脱鞋。要想搞好调解工作必须赢得群众的信任，而良好的形象是赢得群众信任的基础。举止文明是个人修养的外在表现，是综合素质的反映，人民调解员要不断加强自身修养，提高综合素质。

6. 廉洁自律　人民调解员不得利用调解之便为自己捞取好处，不得吃请受礼。不能利用调解的便利，介入纠纷为自己牟取好处，更不能接受一方当事人的贿赂。

7. 注重学习，不断提高法律道德素养和调解技能　人民调解工作是一项法律性、政策性很强的工作，调解纠纷必须依照法律和相关政策，所以必须要自觉学习，接受党的路线、方针、政策的指导。要养成读书看报的习惯，不断充实、完善自己。要学习党的农村政策、法律知识以及其他相关的知识，注意向有经验的人民调解员学习，不断总结经验教训，不断提高调解水平。当今是一个信息时代，党中央号召建立学习型社会，只有不断学习，才能赶上时代的步伐。如果知识贫乏、信息掌握不足，当事人就不会信服你，调解工作也就没法进行了。

（二）城郊农村人民调解委员会委员应遵守的纪律

人民调解员在调解民事纠纷的过程中，必须遵守以下纪律。

第一，不得徇私舞弊，不得利用调解的工作之便为自己牟取好处。

第二，不能因当事人与自己的意见不同而限制当事人讲话，不能强迫当事人接受自己提出的调解方案，更不能对当事人进行打击报复。

第三，要尊重当事人，不得因当事人态度不好或者不服调解而使用侮辱性语言或者处罚当事人。尊重他人是起码的道德准则，调解工作更是如此。有些调解人员有家长制作风，动辄以家长或长辈自居，盛气凌人，对当事人横加指责，甚至进行辱骂。调解是建立在自愿基础之上的，如果有上述行为，当事人很难接受调解，调解的目的就很难达到。可见，对当事人的尊重是调解工作顺利进行的前提。

第四，在调解工作中会知道一些当事人的隐私或者不愿透露的事情，调解人员不能因了解掌握当事人的有关情况而泄露当事人不愿告人或不愿公开的事情。一定要强化保密意识，否则后果不堪设想，轻则失去当事人的信任，重则引起对调解人员的诉讼，甚至引起当事人轻生的念头。

第五，不得因与当事人的远近亲疏而偏袒一方当事人，在调解的过程中“一碗水要端平”。要摆事实、讲道理，以理服人。如果与其中一方当事人有亲属关系或者其他利害关系则更要避嫌，不得偏听偏信。

四、城郊农村人民调解委员会委员应具备的素质

素质是个内涵丰富的概念，从内容层面来看，它包含政治素质、思想道德素质、科技文化素质、业务素质、身体和心理素质等。具体到人民调解员的素质应包括以下几个方面的基本内容。

（一）政治素质

作为党和政府连接群众的纽带，人民调解工作直接面向千家万户，人民调解工作的好坏直接影响党和政府在人民群众心目中的形象，这就要求广大人民调解员要具有较高的政治素质。

1. 拥护社会主义制度 人民调解制度是建立在社会主义经济基础之上的，是具有中国特色的社会主义司法制度的重要组成部分。人民调解是为保护广大人民群众的利益、维护社会稳定、促进社会主义现代化建设服务的。因此，人民调解员的一切活动，都必须站在国家和人民的立场上，始终坚持依法调解，及时发现、化解群众中的矛盾，始终坚持全心全意为人民服务。

2. 拥护中国共产党的领导 在当前的政治体制、经济体制改革中，人民调解工作尤其要坚持中国共产党的领导，在党的领导

下，发挥人民调解员在社会主义现代化建设中的作用。拥护党的领导，要求人民调解员必须坚决贯彻党的路线、方针、政策，并始终坚持结合调解工作实际，向人民群众积极宣传党的路线、方针、政策。调解工作的开展要以此为准绳，并依据其精神进行调解。

3. 坚持马列主义、毛泽东思想、邓小平理论和“三个代表”重要思想　要做好人民调解工作，首先要用先进、正确的理论武装自己的头脑。这就要求广大人民调解员在工作中要始终注意坚持政治理论知识的学习。只有努力学习科学的政治理论知识，学习其立场、观点和方法，并注意将理论及时应用于调解工作实践，才能够提高人民调解员分析问题、解决问题的能力，才能做好人民调解工作。人民调解员在工作中必须坚持实事求是、调查研究的工作方法，尤其要坚持实事求是的工作作风。人民调解工作的任务是解决问题、化解矛盾，调解工作开展得是否正确，关键在于人民调解员在解决问题前是否对客观情况进行了周密、客观的调查研究，是否符合客观实际，必须始终坚持一切从实际出发的思想路线。人民调解工作也是“三个代表”重要思想的体现，体现了党对人民群众的关心。

（二）心理素质

心理素质是指以个人的生理条件和具备的知识经验为基础，通过实践的作用，将从外界获得的各种信息进行识别、分析、掌握和吸收，把它们最终变成自己思想的一部分，成为比较稳定的，并能够帮助人们适应社会和激发创造力的心理品质。作为一名人民调解员，除了要具备相关的业务素质，还应具备较高的心理素质。这是因为调解工作面对的是各种纠纷矛盾，调解人员随时处在矛盾和冲突中，如果不具备良好健康的心理素质，就不可能公正地调解纠纷，时间长了，自身也会因各种矛盾和冲突而出现心理问题。因此，良好的心理素质是做好调解工作的必备条件，它包括以下几方面内容。

1. 认识水平 主要指人的智力因素，它是心理素质的基础。只有对调解事件有一个清醒的认识和正确的判断，才有可能实现调解的目的。因此，人民调解员必须具备较高的思维能力、理解能力和解决问题的能力等。

2. 情感水平 人们在日常生活中常常会产生喜、怒、哀、乐等内心感受和体验，这些情绪、情感影响着人们的各种活动和行为，这种影响既有积极作用，也有消极作用。人民调解员应具有较高的情绪、情感水平，能够控制和调节自己的情绪，避免在调解过程中产生消极的作用。处于中间人位置的调解人员首先要让自己保持一个健康的情绪状态，才可能客观地做别人的工作。保持健康情绪主要包括以下内容。

一是能够接纳自己的情绪变化。不苛求自己，不过于追求完美，以平常心来面对自己情绪上的波动。情绪是不以人的意志为转移的，生活中既有快乐，也有悲哀，只有本着“既来之，则安之”的态度，才能避免情绪上的波动和由此给工作带来的负面影响。纠纷往往都伴有各种不良情绪，这些情绪不自觉地会对调解人员产生负面影响，正确地认识、客观地接受这些负面情绪，让自己保持一种平和状态，是调解人员保持健康情绪的关键。

二是善于及时调整自己的不良心态。人民调解员要能够采用多种方式及时宣泄自己的不良情绪，在生活中遇到挫折时能够进行积极的自我暗示。不良情绪的发泄有多种形式和渠道，例如找朋友进行诉说、唱歌、跳舞、做家务事、将内心感受写出来等。在日常家庭生活和进行调解工作中，调解人员都有可能产生一些负面情绪。因此用积极的办法及时宣泄它们，让自己保持健康的心态，可以避免将不良的情绪带到工作中。

三是要善于沟通。良好的沟通是实现人际关系和谐发展的重要方式，沟通最重要的手段就是要理解对方、宽容对方。调解工作是做人的工作,人与人之间要想达到某种共识,前提是彼此要有良好的沟通。因此,人民调解员仅仅站在中立的角度与双方当事人进行协商还不够,还要以良好的心态与双方当事人进行沟通,在情感上与他们交流,用真诚和理解赢得对方的信任,这会让双方当事人在心理和情感上接受人民调解员,认为人民调解员能够理解自己,在处理问题时也一定会主持公道。良好的沟通不仅能帮助人民调解员与双方当事人在情感上相互接受,在心理上相互信任,还能让彼此加深理解,并能从对方的角度考虑问题,这些都有助于纠纷双方在某些方面达成共识,改善纠纷双方与人民调解员的关系,接受调解人员的建议,使调解工作顺利开展。

3. 个性特点　俗话说"人心不同,各如其面"。人的这些心理差异就是心理学所说的个性,也叫人格。每个人都有自己的个性,个性影响和制约着人的动机、态度、为人处事的方式和行为模式。个性主要由性格组成,性格与人的世界观、价值观及道德品质有关。一个人的性格特点决定了他的人格特征,好的个性能让人自信、同情、自制、果断、乐观、热情;不良的个性让人自负、冷漠、盲目、随意、犹豫、软弱。好的个性让人对工作充满热情、能主动观察、耐心听取他人意见、理智控制自己的行为;不良的个性会以自我为中心、自负而又冷漠、做事盲从或犹豫、不能理智地对自己的行为进行控制,工作也是被动和机械的。因此,人民调解员要具备以下健康个性。

第一,尊重他人,在各种场合维护他人的个人隐私、人格及习惯等。在解决纠纷的过程中,人民调解员只有做到尊重当事人,才能让他们在面子上得到满足,在人格上得到尊重,才能让他们的情绪平静下来,理智地接受调解。有些人民调解员在进行调解时,过分地强调自己是主持者这一身份,对当事人的一些隐私提出批评,使当事人无地自容,羞愧难当,调解工作陷入尴尬境地。例如,夫妻间因为家务事吵架,双方各不相让,越吵越凶。调解人员在调解时对丈夫说了这样一句话:“你一个大男人,现在又下岗在家,一天也没什么事,应该多干点儿家务。”本来这句话是为了让丈夫退让一步,缓和一下僵持局面,但由于没有注意保护对方的隐私,把一直不愿让街坊邻居知道的下岗之事暴露了。结果夫妻俩都觉得非常没面子,在众人面前抬不起头来,自尊心受到伤害,心中的怒火更大了,调解工作也陷入了僵局。

第二,真诚待人,要发自内心地关心和尊重他人。真诚待人是与人相处中最有价值、最重要的原则,以诚相待是人际交往中最基本的保障。心理学家的试验证明,让人们评价最高的品质是“真诚”,而评价最低的、最让人讨厌的品质是“虚伪”。古人说“以诚感人者,人亦诚而应”。因此,在与人的交往中,彼此只有以真诚的动机和态度相处,才能互相理解、接纳、信任,在感情上引起共鸣。生活中发生纠纷事件后,双方当事人都渴望得到调解人员的理解,调解人员真诚的态度会得到他们的信任,从而激发他们与调解人员深入沟通的愿望。良好的沟通有助于帮助人民调解员更好地了解事件的起因和经过,客观理智地分析并正确地进行判断和处理。

第三,学会宽容,在任何情况下都要做到以德服人。人民调解员在工作中经常会受到纠纷双方的“抱怨”,这是因为纠纷双方常常会站在自己的立场上,为发泄心里的不满,把情绪发泄到对方或调解人员身上。因此,受到对方无理的指责、漫骂、讽刺等是人民调解员在工作中经常遇到的情况。人一旦自尊心受到伤害,就要进行反击,这本是人之常情,可以理解。但调解工作本身的性质决定了人民调解员要处在矛盾的纠纷中,而且工作对象往往不够理智,调解人员受到冒犯的可能性很大。因此,人民调解人员要学会忍耐、学会宽容,不能像常人一样,一旦受到侵犯就立即反击,这样做的结果只能使矛盾激化。苏轼在《留侯论》中写到:“匹夫见辱,拔剑而起,挺身而斗,此不足为勇也”。说的就是小不忍则乱大谋的道理。许多纠纷就是因为一点儿鸡毛蒜皮的小事争吵不休,互不相让，甚至动拳头、动刀子。人民调解员要学习古人的精神，让自己拥有更加广阔的胸怀，严以律己，宽以待人，在工作中学会忍耐。对工作对象宽容不是不要自尊，而是为了更好地解决纠纷，是大智大勇的表现。

第四，保持高度的责任心，尽职尽责，积极、主动地做好工作，热爱调解工作，对调解工作认真负责。

第五，要有良好的自制力，自觉地调节和控制自己的行为。自制力强的人，能够理智地对待周围发生的事件，有意识地控制自己的情感，约束自己的行为，成为驾驭现实的主人。较强的自制力能帮助人民调解员在危险和紧张状态时，不轻易为当事人的激情和冲动所支配，在复杂的环境中不意气用事，让自己保持镇定，并且能够克制内心的恐惧和紧张，做到临危不惧，忙而不乱。能够以大局为重，不计较个人得失。如果缺乏自制力，调解人员为发泄心中的不满情绪，就容易冲动反击，这样很可能不但没有解决矛盾，自己反倒卷入纠纷之中。在现实调解工作中，有些调解人员感情用事，轻易决断；有些调解人员因受到不公正指责，感到心中委屈，于是与当事人发生争执；还有些调解人员一会儿偏向甲方，一会又觉得乙方更有理，完全没有自己的判断和分析；也有个别调解人员在处理纠纷案件过程中，冒冒失失，没有主见而又惊慌失措，让纠纷双方感到不可靠和缺乏安全感，不能承担调解任务。由此可见，培养和锻炼自制力，克服自己的软弱不足，对人民调解员和调解工作都是非常必要的。

（三）语言素质

语言是人类交往的工具，是人与人之间相互传递信息、交流思想、表达感情的媒介，人们要在社会中生存就要使用语言。在语言的使用过程中，根据使用环境和使用目的，人们创造了很多语言表达方式，大致分为三种：一是言辞语言，即口头交际使用的语言，如谈话、讨论、解说等；二是身体语言，即以人的身体动作来传情答意，如动作、手势、表情等；三是书面语言，即声音语言通过文字符号来表达，如论文、报告、书信等。

语言素质是一个人表现自我、影响他人的实际能力，是事业成功的基本素质。人民调解员的工作任务主要是调解民间纠纷，防止纠纷激化；通过调解工作宣传法律、法规、规章和政策，教育公民遵纪守法，尊重社会公德，预防民间纠纷发生。无论是调解纠纷还是法律、政策宣传，都需要以语言为基本载体。因此，语言素质成为人民调解员不可缺少的素质。

在调解工作中，每一个工作环节的开展都离不开语言的运用。首先，人民调解工作的对象是社会各阶层形形色色的人，其工作本身就是与人接触、与人交谈。既要听取双方当事人的陈述，了解纠纷的事实及双方的理由，又要以法律、政策、道德去说服、影响当事人，引导他们解决纠纷，防止纠纷激化。其次，人民调解工作的内容是调解错综复杂的纠纷，这就要求人民调解员在做好调查、核实工作的基础上，针对不同的纠纷、不同的调解对象采用不同的语言方式，促成纠纷的妥善解决。

人民调解员在主持调解过程中，语言方面要注意以下几点。

第一，公正性。在人民调解员主持调解纠纷过程中，人民调解员的身份只是帮助当事人消除纠纷、增强团结的居间调解者，而不是凌驾于当事人之上的“主宰者”。因此，用语要有公正性，不能有所偏袒。首先，说话不能只考虑一方当事人的利益而忽视另一方当事人的利益，也不能只为一方当事人的利益而强迫另一方让步。人民调解员必须站在公正的立场上，通过耐心细致的工作，促成纠纷的妥善解决。其次，人民调解员在主持调解中，应当忠于事实真相，忠于法律制度，忠于各方当事人的利益，做到客观公正地对待当事人，不偏不倚地解决纠纷。

第二，平等性。人民调解员在主持调解中，处于调解纠纷的中间人地位，不同于司法调解和行政调解的主持人可以居于当事人之上。因此，人民调解员说话必须心平气和，不能高高在上，应当做到既让双方充分说理又不伤和气，注意循循善诱，创造民主协商的调解气氛。

第三，严肃性。人民调解员在主持调解中，言行举止要体现一定的严肃性。首先，在调解前要告知当事人人民调解的性质、原则和效力，以及当事人在调解活动中享有的权利和承担的义务。其次，调解中应明确双方当事人的责任，使他们充分认识到自己在纠纷中所处的法律地位及应承担的法律责任，以便进一步开展工作。在解决纠纷的同时，人民调解员还要因势利导，加强法律、法规、规章和政策的宣传，教育公民遵纪守法，尊重社会公德，运用当事人特有的影响力，结合实际进行有针对性的法制教育，预防民间纠纷的发生。

第四，说理性。人民调解工作的实质，就是在法律、政策的规定范围内，通过说理将双方当事人的不同甚至对立的要求平衡统一。这就要求人民调解员必须在认真分析当事人心理的基础上，结合纠纷的实际情况，进行说理。要通过说理使当事人自愿接受调解，不能强行调解。在调解中应允许当事人平等地举证、说理、建议、争论。人民调解员只是居中运用事实和法律说服双方当事人，支持合理要求，劝说放弃不合理要求，促使双方当事人心平气和地解决矛盾。

第五，准确性。人民调解员主持调解的语言必须准确鲜明，用词造句一定要字斟句酌，既要准确表达自己的观点，又要如实反映双方当事人的实际情况，不能使人产生误解。讲话要力求严谨、周密，避免漏洞。为了达到预期目的，最好在调解前结合实际拟订调解方案。在主持调解中不要抛开方案随意发挥，但必要时可根据调解过程的实际情况对方案加以修正。

第六，通俗性。接受调解的人员形形色色，背景不同，受教育程度不同,理解水平也不同。在主持调解中,人民调解员应根据谈话对象的实际情况尽量采用通俗易懂的语言,使深奥的法律和道理尽量简化,便于当事人理解和接受。即使是政策性、法律性较强的纠纷调解,也要尽量做到深入浅出。通俗不等于浅薄庸俗,通俗的语言不仅让人易于接受,还能给人亲切朴实的感觉,能拉近人民调解员与当事人之间的距离,使调解工作收到较好的效果。

(四)法律素质

人民调解工作的一项基本原则就是依法调解,违反法律强制性规定的调解是无效的,人民调解协议如果违反了法律的强制性规定,就会被法院撤销。随着社会主义民主和法制建设的日益发展,广大群众的法律意识不断增强,对人民调解工作的要求越来越高,遇到纠纷往往要求依法处理,希望法律公正裁断的心情非常迫切。以前那种靠辈分、靠威望调解民间纠纷的传统方式正在逐渐改变,这就要求人民调解员不但要有良好的道德素质,还要具有一定的法律素质。

人民调解员法律素质的高低,在一定程度上决定着人民调解工作的质量。人民调解员所应具备的法律素质包括以下几个方面。

首先,要有正确的法律意识。法律意识是社会意识的一种特殊形态,是指人们对法律的认识、看法,是人们关于法律的心理、观点和思想的总称。人们的一切活动都是在主观意识支配下进行的,法律意识对法治建设有着直接的影响。不同的历史阶段具有不同的主流法律意识,因为法律意识不可能脱离当时的社会文化背景。改革开放以来,我国的各个方面都发生了很大变化,法律意识的变化也很大。传统的法律意识认为,法律是管老百姓的,法律就意味着服从。现代的法律意识则认为,法律是保护老百姓的,是维护我们合法权益的重要手段,任何人都必须遵守法律,严格按照法律规定办事。法律的重要使命就是维护人权,维护公平和正义。因此,我们不能抱残守缺,固守过时的法律意识,要尽快树立现代的法律意识。

其次,应当掌握基本的法律专业知识。掌握宪法、行政法、民法、刑法、诉讼法等常用法律知识,了解这些法律的基本精神和其中常用的主要规定。

最后,注意理论联系实际。了解司法实践的情况,努力做到学以致用,要学会如何将所掌握的法律知识应用于调解工作的实践。

(五)业务素质

应当掌握和熟练运用"调、写、说、听、协"五种工作技能。调,指调解的能力,具备人民调解员的基本素质,掌握调解的基本技巧,能够独立开展人民调解工作;写,指书写的能力,具备写作的基本素质,能够制作较高质量的人民调解协议书和其他相关的调解业务文书;说,指说话的能力,要具备一定的语言表达能力;听,指要善于收集各种信息,做到眼观六路、耳听八方;协,指协调能力、交往能力,作为人民调解员必须有一定的社会交往能力,性格过于内向是不行的。

五、提高城郊农村人民调解委员会委员素质的途径

(一)吸收素质较高的人员参加人民调解工作,努力造就一支适应新形势要求的人民调解员队伍

在人民调解组织整顿和换届选举中,要注意吸收懂法律、懂政策、群众拥护的离退休干部、教师、在乡知识青年以及复员、退伍军

人参加调解工作，对不能胜任或不适宜从事人民调解工作的人员要进行及时调整。

(二)不断加强和改进城郊农村人民调解员的思想教育和业务培训工作

对调解人员开展全心全意为人民服务的教育和爱岗敬业教育，大力表彰优秀调解人员。要进一步发挥调解人员中党员的先锋模范作用。采取多种形式加强对人民调解员的培训，不断提高人民调解员队伍的素质。可采取专题培训班、以会代训、以案说法、考试考核、知识竞赛等多种形式，生动活泼地开展学习，提高学习效果。

北京市组织法官定人、定点、定期深入人民调解委员会进行指导。建立双向聘任参与制度，即法院、法庭选聘人民调解员担任陪审员，安排他们参与案件庭审前的辅助性工作，帮助其提高业务素质；人民调解委员会选聘法官为指导员，对调解工作进行有针对性的指导。通过全市各级司法行政机关的努力，目前全市 18 个区、县的司法行政机关都与当地的人民法院建立了固定的联系，定期沟通情况、交流经验已经形成制度。密云县和通州区司法局与法院联合成立了人民调解工作指导委员会，法院主动参与对人民调解员的培训工作，2003 年全部的人民调解员培训都有当地的法官参加。

重庆市所属合川市司法局的业务培训分为三级。一是采取分级培训原则对人民调解员进行培训。第一批由局机关对 39 个镇(街)的人民调解员进行培训；第二批由司法所分片区对村(居)级人民调解员进行集中培训。邀请法庭庭长、派出所所长对调解工作的要求进行指导，司法所侧重对人民调解程序规则、调解文书的使用及归档等进行培训。二是开展交流学习。组织工作较为突出的村(居)调委会主任、镇司法助理员对自己在工作中的调解心得和调解技巧进行了交流，把在人民调解实践中总结出来的以情调解、以理调解和依法调解相结合的综合调解技能介绍给大家。基层科将收集到的经验材料进行梳理，形成材料下发到每个人民调解员手中，以便学习借鉴。这样的人民调解员经验交流活动每年举行1次，以促进人民调解员之间相互取长补短，使调解工作有所提高。三是开展庭审观摩。针对以往人民调解员培训中存在的重形式轻效果、重理论轻实践的情况，适时安排纠纷调解现场观摩，将新的调解知识、工作规范、工作纪律、调解文书编印成学习资料，免费发给与会人民调解员，让人民调解员从学习资料上获得理性认识，并且通过观摩法庭的审判工作，感性地认识调解程序、调解技能、调解权威及调解文书的制作等，从而提高调解人员的业务水平。

北京市通州区司法局的模拟庭也是一种很好的方法。具体做法是选择典型案例，由人民调解员模拟纠纷的情境进行调解，其他调解人员进行观摩并进行评议，这样由于大家身临其境效果很好。

(三)使城郊农村人民调解员养成不断学习的习惯

人的素质不是与生俱来的，它是在先天的基础上，通过后天教育和社会环境影响相互作用而形成的人的内在心理品质。素质也不是一经形成就永远不变的，它具有发展变化性，人类可以通过各种途径在社会实践活动中实现素质的提高。江泽民同志曾多次强调："学习问题，关系到广大干部自身的进步，关系到国家、民族的兴衰和社会主义现代化事业的成败。我们全党全民族都必须有这个共识……形成全民学习、终身学习的学习型社会，促进人的全面发展"。当今时代，世界在飞速发展，新情况、新问题层出不穷，知识更新的速度大大加快。作为化解纠纷的"第一道防线"，人民调解员必须树立牢固的学习意识。

首先要加强政治理论的学习。人的行为总是在一定的世界观、人生观指导下进行的，要提高人民调解员的素质首先要加强政治理论的学习。广大人民调解工作者要认真学习党的路线、方针、政策，尤其在当前工作中要认真学习、深刻领会江泽民同志“三个代表”的重要思想，用“三个代表”思想指导人民调解工作。坚持以民为本，做到“心为民想、权为民用、利为民谋、身为民行”，要具有深厚的爱民之情、扎实的为民之行、有效的安民之道。把实现人民群众的利益作为人民调解工作的出发点和归宿，把最广大人民群众的根本利益实现好、维护好、发展好。要加强思想、道德、作风建设，热心人民调解工作，公道正派，联系群众，做遵纪守法的模范，以自己的实际行动赢得群众的信赖和支持。要在基层人民政府和基层人民法院的指导下，自觉围绕党和国家的工作大局，以维护社会稳定为首要任务，继续发扬无私奉献精神，广泛深入地开展人民调解工作。要适应民间纠纷发展的新情况、新特点，根据维护社会稳定的需要，积极扩大工作领域。针对突出的难点、热点纠纷开展调解工作，缓解改革进程中的利益冲突。

其次，要加强业务学习。要认真学习有关的法律、法规，掌握必要的法律知识，提高依法调解的能力和水平；要认真学习文化知识，特别是学习人民调解工作的基本理论知识，包括《最高人民法院关于审理涉及人民调解协议的民事案件的若干规定》、《中华人民共和国宪法》、《中华人民共和国民事诉讼法》和《人民调解委员会组织条例》等，并及时总结经验，不断丰富、完善，提高调解工作的艺术和水平。

(四)以等级评定制度促进城郊农村人民调解员素质的提高

为了促进人民调解员进一步提高素质，可以对人民调解员进行等级评定。根据调解人员的学历、能力、工作时间，特别是调解纠纷的数量与质量，以及当事人的满意程度，对人民调解员进行等级评定，由司法局统一制作等级徽章与证书，挂牌上岗，以增强人民调解员的责任感和荣誉感。据《法制日报》2002 年 8 月 11 日报道，从 2001 年开始，浙江省宁波市司法局制定了《宁波市人民调解员等级制度实施办法》，并正式在全市实施。《办法》规定：经过工作年资和业务能力等资格考核和评审，分别授予不同条件的人民调解员以一级到五级的称号，享受不同的岗位津贴、奖励，履行不同的工作权利和义务，以后每 2 年定期根据工作实绩考核后，晋升或降低级别。《办法》也明确了等级人民调解员评审、授予和升降考核的依据及有关程序。随着这一制度的实施，基层人民调解员的调解工作积极性明显得到了提高。全市人民调解员人均调解纠纷量比上年增加 19%。在全市调解人员减少约 18%的情况下，调解纠纷总量仅减少了 3%，鄞县还增加了 8.4%。

另外一个做法是设立首席人民调解员。首席人民调解员制度是新形势下人民调解制度的一种探索，是人民调解员分级制度的一个特殊形式，目前全国许多地区都开始设立首席人民调解员。一般的做法是设置乡镇、村两级首席人民调解员，分别由县、乡镇司法部门聘任，任期多为 1 年。首席人民调解员责任明确，便于更好地开展人民调解工作。

第四章　人民调解的工作程序

一、什么是人民调解的工作程序

人民调解的工作程序是指人民调解委员会及其组成人员从客观实践中总结出来的带有规律性且又能普遍适用的工作步骤。简单地讲，就是进行调解的工作步骤。司法工作讲究的就是程序，现在有一个流行的说法叫做程序公正，因此人民调解工作的开展也要讲究程序。人民调解已从长期的客观实践中摸索出一套比较规范、科学的工作程序，只要坚持这些工作程序，就能使人民调解工作既坚持原则，又方便群众、保证调解质量。

二、当事人的权利和义务

在具体介绍调解程序之前，首先要明确当事人的权利和义务。当事人即发生纠纷的双方。按照有关规定的精神，当事人的权利和义务主要包括以下内容。

(一)当事人享有的权利

权利意味着被尊重，在进行人民调解时，要充分尊重当事人的权利。

1. 自主决定接受、不接受或者终止调解　是否通过调解方式解决纠纷完全由双方当事人自主决定，不得强行调解。当事人有拒绝通过调解解决纠纷的权利。

2. 可以要求有关调解人员回避　回避是指当事人认为调解

人员与本案或者另一方当事人有利害关系，或者有其他原因可能会导致不公正调解，因而要求该人民调解员退出调解的制度。回避制度的目的在于保证调解的公正性。在诉讼当中也有回避制度，调解中的回避要比诉讼中的回避宽泛得多，没有那么严格，实际上可以理解为是对调解人员的选择。

3. 不受压制强迫，表达真实意愿，提出合理要求 调解不是审判，既然是调解，就应当本着自愿的原则，耐心做好说服劝导工作，在做通思想工作的前提下促成纠纷的解决。

4. 自愿达成调解协议 能否调解成功，是否达成调解协议也需要双方当事人完全自愿，不得强迫当事人接受调解方案。

(二)当事人承担的义务

义务是对当事人的要求，简单地讲就是法律要求做的必须做，法律禁止做的不得做。在人民调解活动中，纠纷当事人应承担下列义务。

1. 如实陈述纠纷事实 当事人要实事求是，不得弄虚作假，不得提供虚假证明材料。

2. 遵守调解规则 既然同意采用调解的方式解决纠纷，就应当遵守有关调解的规则。

3. 不得加剧纠纷，使矛盾激化 应当心平气和地通过摆事实、讲道理来解决纠纷，不得无理取闹，更不能对对方当事人进行侮辱、诽谤。

4. 自觉履行人民调解协议 协议既然已经签订，就必须切实履行，这是诚信原则的体现。俗话说“君子一言，驷马难追”，要言而有信。如果不遵守调解协议，官司再度打到法院，法院也会依照调解协议判决。

三、受理纠纷

受理纠纷是进行调解的准备工作。受理纠纷一般有两种途径,一是当事人主动申请调解,即当事人主动找到调解委员会请求调解。当事人既可口头提出申请,也可书面提出申请。二是主动调解。调解委员会发现纠纷后,应及时主动前去调解,特别是那些容易激化的纠纷更应该闻风而至,避免可能出现的恶果。由此可见,调解委员会不能像法院那样“不告不理”,而是应当主动出击,即使纠纷双方没有提出请求,调解委员会知道后也要主动介入。

受理纠纷时应注意,无论通过哪种途径介入纠纷,都要尊重双方当事人的意愿和他们的诉讼权利,如果当事人一方或双方坚持要求到人民法院解决,调解组织或调解人员不得干涉或阻拦,不得强行调解。受理纠纷后,如发现纠纷的性质或严重程度已超出调解委员会的职责范围,应动员纠纷当事人去人民法院或有关部门解决,也可移送有关部门处理。调解委员会受理纠纷时,要做好纠纷登记。在纠纷较多的情况下,应区分轻重缓急,优先调解那些濒临激化的纠纷。

人民调解组织在受理纠纷时,要做好登记。对于口头申请,调解人员应认真听取当事人对纠纷情况的陈述,并按陈述的内容进行纠纷登记。登记时,要严肃认真,尽量记录当事人的原话或者原意,切不可把自己的分析判断加进去。对于一些可以当即调解的简单纠纷,也可以调解后补办登记,人民调解委员会要根据纠纷的轻重缓急,合理安排调解的顺序,以便使纠纷得到及时有效的化解。

四、调解的步骤

(一)调查分析纠纷情况,弄清事实真相

受理纠纷后,要进行广泛而深入的调查,弄清纠纷情况、判明纠纷性质和是非曲直。这是正确、圆满调解纠纷的前提。调查的内容主要是纠纷性质、发生原因、发展过程、双方当事人争议的焦点、矛盾的主要方面等有关情况。调查的途径主要有:一是耐心听取双方当事人的陈述,了解纠纷过程和他们的真实思想和要求;二是向纠纷关系人、知情人和周围的群众调查,进一步掌握其他有关情况,并印证双方当事人的陈述;三是到当事人所在单位了解情况,必要时可以求得单位领导和有关人员的支持;四是有些纠纷还需到现场调查,有些疑难的伤害纠纷,要申请有关部门进行伤情鉴定,查明伤害程度。在广泛调查的基础上进行综合分析,通过去粗取精、去伪存真,抓住纠纷的主要矛盾和矛盾的主要方面,对症下药,这样才能有效、顺利地调解纠纷。

(二)对当事人进行说服劝导工作

对当事人进行说服劝导是人民调解工作中的重要步骤,必须以事实为依据,以法律、法规、规章和政策为准则,法律、法规、规章和政策没有明确规定的,可以社会公德为依据。同时要有不怕麻烦、不怕反复的精神,热情耐心、循循善诱地做好当事人的思想工作。在说服劝导中,应根据纠纷性质、难易程度以及当事人的思想、性格等不同情况,区别对待。对简单的纠纷、涉及当事人隐私或其他不宜公开的纠纷,应个别调解。对比较复杂、影响面大的纠纷,可邀请周围群众代表、当事人单位的领导和亲戚朋友参与调解。

（三）促成当事人和解并达成调解协议

经过充分说理和耐心细致地说服教育工作，如果双方当事人已互谅互让并具备了达成调解协议的思想基础，调解人员就应该抓住时机，促成双方当事人达成调解协议。如果达不成一致意见，调解人员就应该提出合情、合理、合法的建议性解决方案，使他们经过协商，在新的基础上自愿达成调解协议。达成调解协议后，可根据需要或当事人的请求，制作调解协议书，由双方当事人和调解人员签名，并加盖调解委员会印章，发给双方当事人，调解委员会也应留存1份备查。

五、选择调解的形式

调解形式是指调解人员在调解纠纷的过程中所采用的具体方式。常用的调解方式有单独调解、共同调解、直接调解、间接调解、公开调解、非公开调解与联合调解等。

（一）单独调解与共同调解

1. 单独调解　是指由纠纷当事人所在地或纠纷发生地的调解委员会单独进行的调解。这是调解委员会最常用的调解方式之一。单独调解适用于调解委员会独任管辖的纠纷。这类纠纷不涉及其他地区、其他单位的关系人。调解组织对纠纷双方当事人都比较熟悉，便于深入调查研究，摸清纠纷发生、发展情况，针对双方当事人的心理特点开展调解工作，也便于督促调解协议的履行及解决当事人合理的实际困难。单独调解应注意因人熟、地熟、情况熟而照顾情面或碍于一方势力所造成的不公正调解等弊端。

2. 共同调解　是指由2个或2个以上的人民调解组织，对于跨地区、跨单位的民间纠纷，协调配合，一起进行的调解。《人民调解委员会组织条例》第七条规定："……跨地区、跨单位的纠纷，可以由有关的各方调解组织共同调解"。跨地区、跨单位的纠纷是指纠纷当事人属于不同地区或单位，或者纠纷当事人属于同一地区或单位而纠纷发生在其他地区或单位的情形。共同调解纠纷与人民调解委员会单独调解纠纷的方法、步骤基本相同，但共同调解实施起来较单独调解要复杂，因此共同调解纠纷时应注意以下几个问题。

一是几个调解组织共同调解纠纷时，必须分清主次，以一个调解组织为主，其他调解组织协助。一般情况下，以先行受理民间纠纷的人民调解委员会为主，其他各方协助。当有 2 个或 2 个以上人民调解委员会同时受理时，应本着有利于纠纷调解的原则确定由哪个调解委员会管辖，并以有管辖权的调解委员会为主调解，其他各方协助调解。

二是在实施调解前，要详细研究制订调解计划，明确分工。在进行调解时，参与调解的调解组织要相互配合，加强信息交流，协调一致地开展工作。

三是共同调解对当事人要一视同仁，要防止小团体主义、宗派主义对调解工作的影响。

四是调解协议达成后，各调解组织要以高度负责的精神督促本辖区内当事人认真履行调解协议。

五是作为主方的调解委员会应进行纠纷统计，并做好纠纷档案管理工作。

(二)直接调解与间接调解

1. 直接调解　是指将纠纷双方当事人召集在一起，直接调解他们之间的纠纷。在进行调解之前，调解人员一般都要事先分别与当事人进行谈话，掌握处理纠纷的底数。直接调解普遍适用于以下几种情况。

一是情节比较简单的纠纷。这类纠纷事实清楚，经说服教育，当事人能够认清是非曲直，使矛盾得到解决。

二是矛盾冲突只限于双方当事人之间的纠纷。

三是涉及当事人隐私的纠纷。

2. 间接调解　是指借助纠纷当事人以外的第三者的力量进行调解。间接调解方式的运用可分为两种情况：一是针对某些积怨深、难度大的纠纷，借助当事人亲属、朋友的力量，共同做好当事人的思想转化工作；二是针对某些纠纷当事人依靠幕后人为其出主意的心理或其意志受幕后人控制、操纵的特点，先着重解决好与纠纷当事人有关的第三者的思想认识问题，然后利用当事人对第三者较为信任的心理，把对纠纷的正确认识通过第三者作用于当事人，促其转变。如有些婚姻纠纷表面上看是夫妻之间闹矛盾，其实是公婆或岳父母在背后指使、操纵。对这类纠纷调解人员受理后，应首先对其公婆或岳父母做工作，解决好他们的思想认识问题，然后再通过他们做夫妻双方的工作。这两种调解方式在实践中经常结合或者交替使用。

(三)公开调解与非公开调解

1. 公开调解　是指人民调解委员会在调解纠纷时，向当地群众公布调解时间、调解场所，邀请当事人亲属或朋友参加，允许群众旁听的调解方式。这种调解形式主要适用于那些涉及面广、影响大、当事人一方或双方有严重过错，并对群众有教育示范作用的纠纷，以起到“调解一件、教育一片”的作用，是教育公民遵纪守法，尊重社会公德的重要方式。公开调解“公开”的范围可以根据情况灵活掌握，既可以允许任何人来旁听，也可以只邀请部分亲友或者利害关系人来旁听。如果只邀请部分人员来旁听，一定要注意对等，也就是说双方当事人的亲属都要邀请，而且名单要事先与双方当事人商量。

由于公开调解影响大，准备工作必须充分，确保万无一失。如果准备不充分，就很容易陷入被动局面，不但会导致调解失败，还会造成人民调解员威信的降低。如果没有一定把握，宁可不采取公开调解的方式，至少不要扩大旁听人员的规模。准备工作一般包括以下几个方面。

第一，制订调解方案。主要内容包括：明确公开调解所要达到的目的；分析双方当事人的心态、争执的焦点、事实真相和证据情况；制订相应的对策和策略；预测可能发生的不利情况并制订相应的预案；拟定几套可供当事人选择的调解方案；明确调解人员的分工。

第二，公开调解前要分别与双方当事人接触，了解各自的所思所想，必要时可进行“预调”，目的是为公开调解做好准备。

第三，采取必要的防范措施，防止在调解过程中出现意外。

第四，确定公开调解的时间、地点，并对外公布。

第五，确定调解人员。要明确首席调解人员，与本案有利害关系的调解人员要回避。

公开调解的程序一般是：宣布调解开始；宣布旁听纪律和当事人应遵守的纪律；宣布调解人员名单并询问是否申请回避；宣布当事人情况和纠纷性质；简要介绍纠纷的情况和双方争议的焦点；由双方当事人陈述自己的请求和理由；出示证据并质证；说服劝导；宣布调解程序结束。

采取公开调解的方式要注意以下几个问题：一是纠纷选择要有典型意义，要使群众通过参与调解受到法律、政策及社会公德教育的效果；二是所选择的纠纷不得涉及当事人的隐私，并应当征得双方当事人的同意；三是公开调解要注意方法，不能搞成“斗争会”或“批判会”，应以说服教育为主，促成双方当事人之间和解。

2. 非公开调解　是指人民调解委员会在只有当事人在场而无其他人参加的情况下进行的调解。非公开调解是与公开调解相对而言的。非公开调解适用于涉及纠纷当事人隐私权的纠纷，如一些婚姻纠纷、恋爱纠纷、家庭内部纠纷和调解委员会认为不宜公开调解的其他纠纷。非公开调解是调解委员会针对纠纷当事人的特点和纠纷的具体情况，灵活采用的调解方式和调解技巧。如有些纠纷当事人心胸狭小，有些当事人认为家丑不可外扬，还有的纠纷内容属于不宜公开的，对于这些情况，采用非公开调解，能够使纠纷当事人说出心里话，使调解人员找到纠纷症结，对症下药，调解纠纷。

（四）联合调解

是指人民调解委员会会同其他地区或部门的调解组织、群众团体、政府有关部门甚至司法机关，相互配合、协同作战、共同综合治理民间纠纷的一种方式。联合调解与共同调解既有区别又有联系。联合调解不仅适用于跨地区、跨单位、跨行业的纠纷，久调不决或有激化可能的纠纷，以及涉及到调解组织无力解决当事人合理的具体要求的纠纷，而且更适用于调解处理土地、山林、坟地、宗教信仰等引起的大型纠纷和群众性械斗，适宜于专项治理多发性、易激化纠纷以及其他涉及面广、危害性大、后果严重的民间纠纷。联合调解较共同调解规模更大，必要时可在当地党委、政府的统一领导下，发动政府职能部门以及司法机关共同对民间纠纷进行疏导、调解、处理。联合调解是政府有关部门、司法机关与调解组织共同参与调解、处理民间纠纷，将调解组织的疏导、调解同基层人民政府的行政处理、法院的审判活动连为一体的综合治理，因此较共同调解的权威性更强，效力更大。联合调解除共同调解应注意的问题外，还应注意以下几点。

一是加强组织领导。联合调解工作的对象是大型的、复杂的民间纠纷，需要参与的各部门之间密切合作。因此，必须要做好组织、发动工作，特别是面对带有家族性、宗教性的大型纠纷和群众性械斗及专项治理多发性、易激化纠纷，更应加强组织领导，必要时可由基层人民政府出面，制订工作计划，统一部署。

二是加强调解处理民间纠纷中的信息传递与反馈。大型纠纷往往涉及几个地区或者跨出县界、省界，参与调解处理的部门较多，并且分散。因此，必须加强调解处理民间纠纷的信息传递与反馈，使主管领导了解纠纷发生、发展动态，了解调解处理效果，了解群众对联合调解的反映。同时也可使各部门更好地贯彻领导意图，按照民间纠纷调解处理部署开展工作。

三是要严格政策界线。联合调解往往会与行政处理、法院审判相联系，因此要严格按照各部门分工，防止以罚代调、以调代罚，严禁越权处理。

六、制作和保存调解文书

调解文书是指与调解有关的一切文书，包括调解申请书、民间纠纷受理调解登记表、调查笔录、调解笔录、人民调解协议书等。调解文书很重要，它是人民调解工作的真实记录，是有关机关检查人民调解工作质量的依据，也是当事人不可缺少的重要证据。因此，必须高度重视，按照规范要求制作。

调解文书不仅要制作好，还要保存好，不得随意销毁、不得遗失。将某一个具体案件的所有文书资料按照一定顺序编排并装订在一起，叫做卷宗。受理纠纷后就应当设立卷宗，案件终结后要将卷宗及时归档并妥善保存。

卷宗首先要有封面，要按照要求填写相关内容。然后是目录，要写清卷宗当中的文件名称和相应的页码。最后就是依次编排的相应文件，一般应按照调解申请书、民间纠纷受理调解登记表、调查笔录、调解笔录、人民调解协议书和回访笔录的顺序编排。如果调查笔录和调解笔录份数较多，则应按照时间的先后顺序排列。

调解人员结案后要将卷宗及时归档，将档案装订成册。

人民调解档案应由专门人员按照分类和时间顺序保管。应制订必要的归档、管理、查阅制度，完备各种手续。一般保存期为3年，期满销毁时要再次确认是否有继续保存的必要，制作销毁档案目录清单，并请调解委员会主任审查并签字，实行主任负责制。

添置必要的设备，妥善保管档案，采取必要的措施，防止档案丢失、毁损。

（一）卷宗封面

卷宗封面是将一起纠纷的所有文书立卷归档时所加的封面。封面严格来讲虽然不属于文书制作的范围，但对于保管文书档案而言是十分重要的。

一份卷宗的封面直接关系到这份卷宗归档的质量。据江苏省某县司法局的统计，当前封面存在瑕疵的占26.4%。突出表现在卷名不规范，常与纠纷类型相雷同；卷宗编号不规范；缺少人民调解委员会的公章和保管期限等。

例1

北京市昌平区回龙观镇南店村 人民调解委员会

卷　宗

卷宗类别：婚姻家庭纠纷

卷　　名：张河山与张强赡养纠纷案

年　　度：2005　卷　　号：(2005)调字003号

调 解 员：谷　庆　调解日期：2005年3月17日

立 卷 人：谷　庆　立卷日期：2005年3月10日

保管期限：3年

备　　注：

示例中的“卷宗类别”应当同民间纠纷受理调解登记表中的

“纠纷类别”相一致。一般按照民间纠纷内容的分类来填写，如邻里、婚姻、赔偿、债务等。“卷名”指所调解的具体纠纷的名称，一般应包括双方当事人的姓名和纠纷的具体名称，如“×××与×××离婚纠纷案”。“卷号”按有关规定或各人民调解委员会自定的办法填写。

(二)调解申请书

调解申请书是当事人向人民调解组织提交的要求调解其纠纷的书面申请。调解申请书既可以由申请人本人填写，也可以由他人代写，由申请人签名后提交人民调解委员会。申请人民调解委员会调解民间纠纷一般应使用书面的调解申请书。调解申请书的结构分为首部、正文和尾部。首部详细填写当事人的基本情况，如姓名、性别、年龄、民族、职业、单位和住址等。当事人是法人或社会组织的，应当详细填写法人或社会组织的名称、地址，法定代表人姓名、职务。正文部分是申请书的核心，应重点写明申请事项和纠纷的事实。申请事项是指申请人提出的希望通过调解实现的要求，要简单明了，不能拖泥带水，含糊其辞，要让调解人员看后立即就能明白申请人的要求。纠纷事实就是要简要地说明纠纷的起因、经过、争议的焦点及协商的情况，还要写明支持自己观点的理由。这部分内容也要注意简明扼要，以说清情况为宜，不要过于冗长，更多的话留在调解时再说。调解申请书可以是打印稿，但一定要申请人本人签名，并注明年、月、日。

例 2

调解申请书

申请人：张河山，男，1950 年生，汉族，农民，住北京市昌平区回龙观镇南店村 231 号。

被申请人：张强，男，1975 年生，汉族，龙跃机械制造有限责任公司市场部经理，住北京市昌平区回龙观镇南店新村 48 号楼 9 门

701号。

申请事项：由被申请人每月向申请人支付500元赡养费。

事实与理由：申请人与被申请人系父子关系。申请人常年体弱多病，需要就医治疗，因此花费较大。申请人是农民，由于年龄和身体原因，已基本丧失了劳动能力，且无其他经济来源。被申请人现为企业的高级经营管理人员，月薪4 000元，且无其他家庭负担。申请人要求被申请人履行赡养义务，被申请人一直以自己日常开支较大、入不敷出为由加以拒绝，经多次协商未果，致使申请人借款已达5 000元，且停止医疗2个多月。申请人认为赡养老人是子女应尽的义务，不论从法律、道德还是情理上都是应该的。因此，请求人民调解委员会予以调解，由被申请人每月向申请人支付500元赡养费。

此致

北京市昌平区回龙观镇南店村人民调解委员会

申请人：张河山

2005年3月7日

(三)民间纠纷受理调解登记表

民间纠纷受理调解登记表是人民调解委员会受理、调解的民间纠纷的简要记载。经人民调解委员会调解的、不制作书面调解协议的简易民间纠纷，填写民间纠纷受理调解登记表后，不必再填写其他调解文书。

例3

民间纠纷受理调解登记表

纠纷类别：________________ 编　号：________________________

当事人：____

____

纠纷简要情况：____________________

经调解，于____年____月____日达成如下协议：____

____

协议履行情况：____________________

因调解不成，于____年____月____日告知当事人____

____

因________，决定不受理该纠纷，告知当事人________。

登记人（签名）________　登记日期____年____月____日

示例中"当事人"栏应列明纠纷所有当事人，其具体要求同"调解申请书"。"纠纷类别"栏按民间纠纷内容的分类填写，如邻里、婚姻、赔偿等。"编号"栏按有关规定或各人民调解委员会自定的办法填写。人民调解委员会应根据具体情况，分别选择"达成协议"、"调解不成"、"不受理"栏目，填入适当内容。

(四)调查笔录

调查笔录是人民调解委员会向有关人员询问了解纠纷情况时所作的文字记录。调查笔录经被调查人校阅或向被调查人宣读后,由被调查人、调查人和记录人签名。

例 4

调查笔录

时　间:________________ 地　点:________________

事　由:________________ 参加人:________________

被调查人:________________________________

____

____

笔　录:__________________________________

____

____

____

____

被调查人(签名)__________ 调查人(签名)__________

参加人(签名)__________ 记录人(签名)__________

示例中“事由”栏系指为哪一项纠纷而做的调查。“参加人”栏系指调查时在场的其他人员,不包括调查人、被调查人和记录人。“被调查人”栏应填写被调查人姓名、性别、年龄、单位及住址等。

(五)调解笔录

调解笔录在纠纷调解中起着十分重要的作用。调解笔录是人民调解委员会对双方当事人进行说服教育、疏导规劝,促使双方当事人达成协议过程的文字记录。不仅对矛盾纠纷的定性与处理至关重要,而且是检查人民调解委员会是否坚持公正、依法、自愿调解的重要依据,是反映整个纠纷调解过程的“显示器”。笔录通常包括调查笔录、询问笔录、勘验笔录、口头调解笔录和正式调解笔录等。每次进行调解活动都应制作笔录,做到“不拿笔,不调解”,要“逢调必记”。

调解结束后,应当立即制作调解笔录。在内容和形式上,对调解笔录有如下要求。

在内容上,调解笔录应努力做到客观、简练。首先要强调调解笔录的客观性。调解笔录是调解过程的客观记录,要真实地反映调解过程的情况,特别是各自的观点和调解人员的意见要注意记准。如果丧失了客观性,调解笔录就失去了本身的价值。其次要强调简练。笔录绝对不能什么都记。比如调解对象是农民群众,大多文化程度不高,语言表达一般比较细、比较长,而且有些意思还表示得不够清楚。因此,针对问题要简明扼要的记录,重点是有争议的关键问题,不要当事人说什么,就记什么,要学会把老百姓的话“翻译”成书面语言,甚至是法律语言。

在形式上,调解笔录在制作完成后要请当事人校阅或向当事人宣读,要询问当事人是否客观地反映了本人的意见。在当事人同意后,由当事人、参加人、调解人、记录人签名。如果当事人拒绝签名,则应将情况记录在案,其他人员签名。

当前笔录中常见的问题包括以下几个方面:一是署名有遗漏,笔录中不但要求当事人签名,而且调解人、记录人也要签名;二是笔录不完整,该记的没记,不该记的记了,三是层次不清楚。以上这些问题在实际工作中要注意克服。

例 5

调解笔录

时　间:________________　地　点:________________

事　由:________________　参加人:________________

当事人：____

____

____

笔　录：____

当事人(签名)______________ 调解人(签名)______________

参加人(签名)______________ 记录人(签名)______________

示例中“参加人”栏指接受人民调解委员会邀请，协助开展调解工作的人员。“事由”栏同“调查笔录”。“当事人”栏应列明到场的全部当事人，其具体要求同“调解申请书”。

(六)人民调解协议书

见本书第六章相关内容。

(七)回访记录

回访记录是人民调解委员会对达成调解协议的纠纷当事人进行回访，了解协议履行情况及其他有关情况的文字记录。

例 6

回访记录

当事人：______________ 调解协议编号：______________

回访事由：______________ 回访时间：______________

回访情况：______________________________________

____

____

____

____

____

回访人(签名)______________ ______年______月______日

示例中“当事人”栏填写被访问当事人的简要情况。“回访事由”栏填写就哪一期纠纷进行回访。“回访情况”栏可包括当事人对调解工作的意见、要求，协议的履行情况，协议履行发生争议向人民法院起诉及人民法院判决结果，有无错误调解及激化迹象，采取的措施等等。

第五章　人民调解的技巧

一、调解的依据

调解的依据是指进行调解时所依赖的素材，即依靠哪些方面的内容劝导当事人。包括以下几方面内容。

（一）依据法律进行调解

依法调解是人民调解工作必须遵循的基本原则，调解不可能离开法律。在进行调解时，首先要依据法律的规定来进行。要明确双方当事人之间的法律关系，以法律为标准来判断谁是谁非。要向双方当事人宣讲有关的法律法规，结合案情从法律上进行分析。例如，在赡养纠纷案中，要向子女讲清子女有赡养父母的义务。再如，伤害案件要讲清法律上的判断标准和赔偿标准。北京市昌平区回龙观镇一位老人由于生病，下肢不能活动，不仅无法料理地里的农活，而且连饭都不能做，其子以生意忙为理由拒绝照顾，本家的长辈多次劝说，其子就是不予理睬。调解委员了解到这一情况后，马上赶到其子家中，向其讲明赡养老人是婚姻法规定的一项子女应尽的义务，遗弃老人就是犯罪，将会受到法律的制裁。其子听后受到很大震动，马上开始履行照顾老人的义务。

（二）依据道德进行调解

我国民间有相互和解的传统，这种心态一直延续至今，这是我们开展人民调解工作的文化基础。在进行调解时要宣传互谅互让、以和为贵的传统道德，从道德层面促使双方当事人握手言和。

在我国古代，道德是调整社会关系的主要手段，从而形成了丰富的道德文化遗产。养老育幼、家庭和睦、邻里和睦、扶弱济困等都是重要的道德规范。在调解时要利用这些丰富的道德文化遗产，对双方当事人进行道德教育。

（三）依据成本分析进行调解

解决纠纷是要付出成本的，但成本有多有少。诉讼的成本最高，调解的成本最低，甚至几乎为零。人们热衷于通过诉讼解决纠纷，但殊不知打官司既要花钱，又要花费大量的时间和精力。首先，通过诉讼解决，不论输赢，都要支付案件受理费。先由原告预付案件受理费，审理终结后谁输了谁负担，如果要请律师的话还要负担昂贵的律师费。而按照有关规定，调解是不收费的。其次，诉讼程序很复杂，打官司不像买东西那样简单，有些官司甚至旷日持久，当事人因此而花费了大量的时间和精力，不论谁输谁赢，实际上是两败俱伤。调解的程序简便，没有那么多的规矩套路，不用花费太多的精力就能解决。在调解时要向当事人讲清楚这些道理，帮助当事人进行权衡，是不是真的需要诉讼来解决纠纷。

（四）依据风险分析进行调解

打官司有理也不一定会赢，因为理是需要证据证明的。诉讼强调程序正义，有一套举证的规则。一般的原则是“谁主张谁举证”，没有证据，即便有理也赢不了。例如，张三向李四借钱而没有写借条，如果李四向人民法院起诉，张三矢口否认欠钱的事实，则法院只能判决李四败诉。而调解不强调程序正义，更加注重实质正义，因此更便于实现实质意义上的公平。在调解时要向当事人讲明诉讼存在的风险，要告诉当事人证据不足官司不一定能赢，要讲明调解在解决问题方面的优势，促使当事人接受调解。

(五)依据心理学原理进行调解

人们的任何活动都是在主观意识支配下进行的，纠纷的发生和解决过程都伴随着复杂的心理活动，在调解的过程中要善于从心理学层面去考虑问题。要善于发现、准确把握当事人的心理特点，对症下药，利用心理学原理对当事人进行疏导。

在现实生活中，很多纠纷的发生都是当事人特定的心理活动造成的。例如，人在日常交往中都会有一种“要面子”的强烈需要，也就是避免在公开场合遭到难堪的心理需要。因此，大多数人如果在公开场合下遭遇难堪，丢了面子，便会千方百计设法挽回，即使这样做会使他们付出较大代价，也在所不惜，这在心理学上叫做挽回面子效应。在解决纠纷时，要明白这一点。其实，有些人心里明白自己没理，可嘴上还很强硬，有些人不想与对方纠缠，但还是坚持不让步，这些都是出于自己面子的考虑。在调解时不妨给他们个面子，帮他们找个台阶下，纠纷就会很快平息。再如，不同性格的人在纠纷行为方面的表现是不一样的。外向型性格的人感情外露，内心想法会很快地反映在表情和行为上。而内向型性格的人，感情深沉，内心想法不易形之于色。文化水平、法律素质高的人，其自我调节能力较强，纠纷心理不易形成，即使发生纠纷，也比较容易接受调解，反之亦然。

二、调解的语言技巧

语言技巧之所以被认为是所有纠纷调解所必不可少的技巧，最根本的原因就在于，调解活动本身就是在调解人员的主持下，双方当事人基于平等、自愿的原则，在相互之间展开对话、进行协商，以求得案件纠纷的最终解决和消除。因此，在整个调解过程中，双方当事人一直处于平等对话协商的状态，而当事人的对话协商都是通过语言方式表达出来的。

在调解工作中，语言运用得巧妙、得体，不仅可以增强语言的趣味性和生动性，而且更有助于调解工作的顺利进行，因为语言本身就是思想教育和调解纠纷的有力手段。在调解纠纷的活动中，调解人员的言辞表达至关重要。话说得好，三言两语就可能会使冲突平息下来，话说得不好，费尽九牛二虎之力，也未必得到圆满的结果。因此，必须注意语言技巧在调解活动中的运用。

(一)调解语言的一般要求

民事调解的对象绝大部分是普通百姓，而纠纷的内容主要是在日常生活和社会交往中引起的人际关系矛盾。根据调解对象和纠纷内容的特点，调解语言要符合一定的要求。其主要体现在以下几个方面。

1. 语言要大众化　进行调解时要使用大众化、通俗化的用语，避免使用脱离老百姓生活实际和心理水平的理论性或空洞、华而不实的书面用语。如果调解人员说话咬文嚼字，当事人就会觉得跟他没有共同语言，从而在心理上很难产生认同感。要恰当运用比喻和民间俗语、谚语来说明对某些问题的看法，使当事人容易理解和消化调解人员所讲的道理。如在调解夫妻纠纷时说："一日夫妻百日恩、百日夫妻似海深"，在调解邻里纠纷时说："远亲不如近邻、近邻不如对门"，这些民间俗谚群众耳熟能详，具有很强的说服力。

2. 语言要明确化　语言应避免冗长、繁琐，力求简短、明确、流畅，使当事人一听就懂，避免产生误解。在调解时不能绕来绕去，话没少说，但当事人却如坠五里云雾，丈二和尚摸不着头脑，更不能曲解法律误导当事人、歪曲事实蒙骗当事人。要有一说一，有二说二，是就是，不是就不是，干净利落，不拖泥带水。

3. 语言要亲和化　调解人员的语气、语调要亲切，不要打官腔、摆官架，不要一副盛气凌人的架势。要像长者、像朋友，和蔼可亲，亲切感人。“随风潜入夜，润物细无声”，语言要如同春风化雨，滋润当事人的心田。亲切的语言显得轻松自如，给人一种温和友善之感，能使当事人体会到说话人的温情和善意，调解人员的观点也变得容易让人接受，有助于融洽调解人员和双方当事人三方的关系，增强双方当事人对调解人员的信任感和亲切感。

（二）调解语言技巧的运用

在调解时，调解语言的巧妙运用可以使调解获得理想的效果。调解要善于运用以下几种常见的调解语言。

1. 定心话的运用 定心话主要是指那些安定情绪的话，如“事已至此，急也没用”等，它是调解纠纷的前奏曲，是促成纠纷得以解决的前提。当事人之间产生了纠纷，情绪一般都不太稳定，有的粗暴蛮横，有的急躁不安，有的郁闷痛苦，有的甚至萌发轻生的念头。所有这些异常的心理状态都不利于调解的顺利进行，因此定心话必不可少。对粗暴蛮横的当事人要直言正告，使其恢复常态；对急躁不安的当事人要耐心劝解，使其冷静下来；对忧郁痛苦的当事人要耐心抚慰，使其得以宽心。若想讲好定心话，需要注意以下两点：其一，细心观察，掌握当事人的情绪特点；其二，区别对待，选择不同的表达口吻。

2. 风趣话的运用 风趣话好比一幕引人发笑的讽刺剧，诙谐、生动，爽快之中含有启示，笑谈之中寓于哲理。幽默而不滑稽，通俗而不失雅，是调解中的一手绝招。高明的调解人员面对剑拔弩张、势不两立的双方当事人，总是从容自如，风趣化解。某村甲、乙两人发生口角，甲无意中骂了乙一句贼，乙火冒三丈。调解人员对乙说：“贼不一定都不好，我就做过一次‘贼’。一个人想自杀，我把刀给偷走了，他自杀没成，你说我这个‘贼’是好‘贼’还是坏‘贼’”？一句话逗得乙哑然失笑，情绪很快平息下来。我们需要注意的是，风趣话只是一粒“止痛片”，治标不治本，要治本还要做细致的疏导教育工作。

3. 圆场话的运用 圆场话是一种避开矛盾冲突，故意转移话题的说话技巧。其特点在于迂回陈辞，自圆其说。恰到好处的圆场话，能使僵局变得缓和，化干戈为玉帛，使隔阂得以解除。有一位高中学生在家里不小心打碎了暖瓶，他的父亲很恼火，大声呵斥，冲突即将发生。学生的哥哥说：“好兆头呀！好兆头！弟弟如果老是原来的水瓶（平）能考上大学吗？弟弟该有新水平了”。一场冲突就此平息。调解实践中要注意既要善于讲圆场话，又要避免只顾说圆场话而不要原则、“和稀泥”的做法。

4. 希望话的运用 调解纠纷接近尾声，调解人员不可因胜利在望而掉以轻心，不要因成功在即而如释重负，还必须趁热打铁，讲好结束语，说好希望话。讲好希望话要注意两点：一是生动形象，二是针对性强。如婚姻纠纷调解和好后可以说：“希望你们夫妻和睦相处，白头偕老”。

5. 格言警句的运用 格言警句是从生活中提纯、凝练，从复杂的社会实践中总结、概括出来的富有哲理的语言精华，运用时一方面要有针对性，选择合适的格言警句；另一方面要把握住格言警句的根本内涵，只有防止滥用，才能生动有力。

（三）几种常见的语言技巧

1. 强化语言的感情色彩 具有浓重感情色彩的语言能够增强劝说的力度，提高劝说的效率。感情色彩不仅仅限于单一的“爱”的感情，同时也包括厌恶或者憎恶的感情。这就需要调解人员必须随着劝说所涉及到的不同性质的内容，在语言的感情色彩上灵活地予以相应的体现，做到爱憎分明，具有吸引力和感染力。

要使调解的语言具有浓重的感情色彩，就要努力使语言新鲜、形象而又起伏跌宕，力戒平淡和陈旧。干干巴巴、平平淡淡就不容易唤起对方感情上的共鸣。所以调解人员必须十分重视通过语言的运用，正确地表达自己的内心感情。用自己的心去弹拨他人的心，用自己的灵魂去感染他人的灵魂，使对方闻其言，见其心，达到感情上的融合，从而潜移默化，产生强烈的共鸣。

语言的感情色彩常常要靠富于变化的语言声调来表现。富有变化的语言声调能够增强言语信息的明晰度，语言声调又是情绪状态的直接反映。一般要求是：说话速度应适中，即不快不慢、快慢结合；适当控制音量，大声嚷嚷会给人一种咄咄逼人的感觉，但音量过低，又容易让人听不清楚，而且高尖刺耳的声音容易刺激人的神经过于紧张，低沉浑浊的声音则会麻痹人的神经；语调要富于多变性，抑扬顿挫的语调能够准确鲜明地表达调解者的劝导。

2. 利用生动形象的比喻 比喻，是用人们已经知道的东西来说明人们所不知道的东西的一种常用修辞方法，能给人一种具体可感的形象，从而加深对问题的理解。正确地运用比喻，可使模糊的道理清晰起来，从而避免抽象说教带来的枯燥感。同时，生动形象的比喻通过以事寓理，可以避免由于直接论理而使对方形成抵御心理，使被调解人不自觉地领悟到劝说者要表达的意思。

3. 利用恰如其分的幽默 幽默是引人发笑的艺术。幽默的特点在于奇巧，奇在出人意料，巧在入情入理。在劝说中，完全可以在突出思想性的前提下，用生动幽默的话语来表现调解者的聪明和风趣，增强说理的吸引力和有效性，同时还可以摆脱困境，缓和紧张的劝说气氛。

4. 利用严密的逻辑推理 逻辑推理，就是运用逻辑基本规律进行的推理。严密的逻辑推理有助于分析对方思想观点中的谬误及其在抵御正确思想时所进行的诡辩。一旦发现对方在进行诡辩，就要扣住中心，组织正确的理论观点来剖析破绽，通过层次分明、逻辑严谨的正反论证，据理反驳。一提起逻辑推理，就会给人一种似乎很神秘的印象。其实，逻辑推理并不神秘，我们在日常生活中常会用到。例如，“如果真是像你说的，那就……”这就是逻辑上所讲的归谬法。逻辑推理在说理方面用处很大，在调解时要注意运用。

三、身体语言技巧的运用

从广义上讲，语言除了我们通常所理解的口头语言外，还包括面部表情、身体姿势、动作手势等身体语言，因为这些同样可以传达很丰富的信息。在调解人员进行调解时，除了语言技巧的运用外，还要注意身体语言技巧的运用。身体语言技巧可以起到强化交流信息的内容，表达调解人员感情的作用，有助于对当事人施加积极的心理影响。

(一)面部表情

表情是一种无声的身体语言，人的面部表情能够表达很丰富的感情信息。在进行调解工作的每一个活动中，无不潜移默化地发挥作用。它可以影响调解人员与纠纷双方以及纠纷双方之间情感的表达与沟通，可以影响调解人员所应具有的形象及人格魅力的发挥，还可以影响到纠纷的顺利解决。眼睛是心灵的窗口，一个优秀的人民调解员应该能够通过眼神准确地反映他的思想态度。在某种情况下，一个眼神能抵得上千言万语。

(二)身体姿势

身体姿势是语言表达的一个得力助手，是内心状态的外部表现，它受人的情绪、感觉、兴趣的支配和驱使。在调解的过程中，调解人员最好是在与对方面对面的体位基础上保持身体微微前倾，听人讲话时，这种姿势表示对对方讲的话感兴趣，会给人留下谦虚诚恳、洗耳恭听的印象；对人劝说时，这种姿势既能减少各种外界的干扰，听清楚对方说的话，又能给人一种亲切感，容易使对方获得一种受关心的心理体验。

（三）动作手势

动作手势能加强劝说语言的力量，丰富语言的色彩。动作手势可以分为象征、说明、协调、补充四种类型。

1. 象征性的动作手势 可以直接解释某个词语，表示抽象的概念。这种动作手势能够被许多人或特定的一群人所理解。比如，伸出大拇指，表示对某个问题或某个人的肯定。

2. 说明性的动作手势 可以增强语言信息的内容，对言语起到解释作用，使人对听到的言语更能增加形象性的认识和理解。比如，伸出一只手，用另一只手扳倒一个指头，表示“第一”。

3. 协调性的动作手势 往往被用来在一些令人紧张的情境中缓和气氛。比如，玩弄一下手中的铅笔，用指头轻轻敲击几下桌面等。

4. 补充性的动作手势 可以起到弥补有声语言不足的作用，增加有声语言的分量。

应注意，在对话时，动作手势不能太多，必须适时、准确、自然得体，不要故意做作。

四、借助技巧

在进行调解时，除了上述语言技巧和辅助技巧以外，还可以适当地运用一些借助技巧。

一是借助“权威”。具有权威性的人所说的话可信度高，别人容易认同。因此，为了做好调解工作，调解人员一方面应加强自身修养，提高自身素质，以提高自身在当事人心目中的权威性。同时，还应邀请当地德高望重的人或社会团体的负责人参加调解，利用这些“权威人士”的影响力，对当事人进行疏导、规劝、批评，往往可以收到事半功倍的效果。权威人士的威望，对于被调解人来说在其心中早已形成信服和尊重的心理反应。因此，在调解中，更易得到当事人的认同。

二是 借助“自己人”。人们在交往中，容易接受“自己人”所传递的信息。在调解中，调解人员应及时观察发现当事人所信赖的“自己人”，并与其沟通，请其参加调解，对“自己”一方进行劝解，从而利用双方对“自己人”的认同效应使纠纷得以化解。

五、调解的方法

在实践中总结出的行之有效的调解方法包括以下几个方面。

（一）褒扬激励法

对被调解者的优点和长处要及时予以表扬和肯定。因为人人都喜欢被夸奖，尤其正处在纠纷中的人，从心理上特别希望得到别人的支持和肯定，对批评一般比较反感。运用褒扬激励法的好处表现在以下几个方面：一是可以使当事人激动的情绪及时平静下来，为进一步做好调解工作创造一个好的氛围；二是调解人员的表扬和肯定，能使当事人产生调解人员与自己是“一伙人”的感觉，调解人员就可以乘机展开调解工作；三是可以堵住当事人可能反复的退路。

（二）析 错 法

发生纠纷的双方当事人，大都会从各自的角度出发，说自己如何如何对，对方如何如何错。针对这种情况，调解人员应在弄清事实的基础之上，尽可能把双方的过错说得多一些。因为过错越多，否定起来就越容易，一旦过错方的理由被否定，调解成功的把握也就越大。当然，分析当事人的过错一定要实事求是，要有理有据。过错包括法律上、道德上和情理上等多个方面。几乎所有的调解都会用到本方法，因为调解必须在分清是非的基础上进行。

（三）单独谈话法

本方法一般在以下两种情况下使用：一是在调解中如果遇到因涉及个人隐私、商业秘密或者当事人认为不宜让其他人知道的话题时，要及时安排当事人单独谈话。这样做的好处是便于当事人放下包袱，自由地阐述真实的事实与理由。二是适宜单独谈话的情形。有些话是不能在双方在场的情况下讲的，必须找一方单独谈。例如，在帮助一方分析接受对方条件的好处时，就应当单独进行，否则会给当事人留下偏袒一方的感觉。还有一个心理上的原因，那就是“面子”，当着对方的面说软话是心理上难以接受的。

（四）换位思考法

换位思考就是引导纠纷当事人从对方的角度去思考问题，设身处地替别人想一想。不要以自我为中心，要多考虑别人的困难、情感和心态。常说的话是“假如要是你，你会怎么办”？例如，儿子不给父亲生活费，调解人员说道：“人都有老的时候，你父亲把你拉扯大，花费了多少心血？假如你老了的时候，你的儿子如此对待你，你会怎样想？”

（五）冷处理法

有些纠纷从表现形式来看比较激烈，双方的“火气”都很大，剑拔弩张、势不两立，谁的意见都听不进去。对这类纠纷可以采取冷处理法，即先不急于调解，放一放再说，打个时间差。经过一段时间后，心态就比较容易平静下来。或许有的人想要面子，一时不让步，但经过一段时间后，就可以“体面”地接受。

(六)真情打动法

人是讲感情的,特别是中国人。我们说“一日夫妻百日恩”,“血浓于水”等,讲的就是这个道理。曹操的儿子曹植写了一首脍炙人口的《七步诗》,其中有一句:“本是同根生,相煎何太急”,淋漓尽致地表达了兄弟相残实在是有悖人伦。因此,从感情的角度进行调解往往收效显著。例如,对婚姻基础较好及有和好可能的婚姻纠纷,帮助双方多回忆过去的美好时光,多想对方的好处,做到以情动人,从而唤起旧情,使之重归于好。刊登在 1998 年 1 期《人民调解》杂志上的一个例子非常形象生动地说明了真情所产生的效果。身患重感冒的人民调解员王一秀接到调解任务,匆匆地赶往重庆,一名从事野外工作的男职工的离婚案星期一即将在法庭开庭。一路上她晕车呕吐,吃不下睡不着。在迅速找到当事人后,她想方设法安排夫妻相见,并极力创造条件让他们相互沟通,达成谅解。为缓和紧张的婆媳关系,她买上礼物来到该职工母亲家。在短暂的几日相处里,她反客为主,自己上街买菜做饭,陪着老人聊家常,巧妙地利用各种话题开导、劝解老人。当她了解到女方家庭利用关系“疏通法院”,有意促使女儿离婚,而男、女当事人又存在一定的感情时,便直接找到庭长。她诚恳地说:“庭长,您也是一位男同胞,我希望您,也请求您为男同胞说句公道话。要知道,我们野外职工要组成一个家庭是多么的不容易啊!……”庭长被她这番情真意切的话深深地感动了。在法庭和王一秀的努力下,女方主动撤回了诉状,一个濒临离散的家庭又破镜重圆了。

(七)舆论压迫法

在进行调解时,要提示当事人关注周围人对此事的看法和评价。在农村,人们习惯于谈论“张家长,李家短”,喜欢对别人“评头品足”,特别是热衷于对别人进行道德评价。在调解时,要充分利用农村生活的这一特点，对当事人进行“心里震慑”。要引导当事人想一想乡亲们会怎么说，提示当事人别让大伙儿背后议论。在使用舆论压迫法时要注意区分哪些舆论是正确的，哪些舆论是错误的。群众的意见并不一定都是正确的，有些甚至是很落后的，我们要区别对待，要摒弃错误的舆论，支持正确的舆论。

（八）领导上阵法

对于那些重大案件，如群体性事件或者恶性事件，可以邀请领导亲自上阵调解。领导有权威，能拍板，亲自上阵容易掌握第一手资料，解决问题，还有利于改进干群关系。2001 年 5 月，湖北省保康县某村村民张氏兄弟因用屋场换水田发生纠纷，嫂子将弟媳打伤。正在外地煤窑打工的弟弟听说后，携带炸药连夜赶回家中，准备将哥哥一家炸死。镇长接到报告后，迅速带领派出所所长、司法所、土地所干部及村干部赶到现场，对双方进行了耐心的说服教育工作。面对这么多干部的劝解，哥哥很受感动，和妻子一起主动向弟媳承认了错误，由于领导迅速“出场”，化解了一桩有可能“民转刑”的恶性案件。

（九）整体联动法

有些民间纠纷很复杂，牵扯人多、涉及面广，仅靠一个部门调解往往力不从心。组织有关部门到场分头工作，联合调解，有时能取得很好的效果。湖北省保康县歇马镇李家与邻居尚家，因铺设水管一事发生了长达 3 年的纠纷，经法院判决后仍然拒不执行，两家人因此经常互相打骂，有矛盾激化之势。该镇派出所、司法所和派出法庭等部门联合调解，由司法所的同志牵头，派出所的同志讲《中华人民共和国治安管理处罚条例》、法庭的法官讲《中华人民共和国民法通则》和不执行判决的后果。经过努力，双方承认了错误，签订了人民调解协议。

(十)排忧解难法

有些矛盾纠纷是因为当事人在生产生活中确实存在困难而引发的。解决这类纠纷要以帮助群众解决困难作为突破口,困难解决了,纠纷也就解决了。北京市平谷区某村农民张某承包的果园地处引水渠的下游,因用水灌溉问题与上游的几家承包户发生了纠纷。后查明,发生纠纷的原因是引水渠渗漏严重导致供水不足,因而引起争执。人民调解员将张某等几个承包户召集在一起,讲明渗水导致水费提高,灌溉效率降低,对大家都是损失,提议大家分摊一些费用,将引水渠用水泥砖进行砌补。这一建议得到了大家的赞成,张某的果园也因此得到了及时的灌溉,矛盾自然消失了。

六、切实搞好纠纷排查和预防工作

中共中央办公厅、国务院办公厅 2000 年 8 月转发了《中央社会治安综合治理委员会关于进一步加强矛盾纠纷排查调处工作的意见》(以下简称《意见》)。《意见》中指出,各级党委、政府要提高认识,加强领导,把矛盾纠纷排查调处工作摆上重要位置,纳入社会治安综合治理领导责任制。要坚持从人民群众利益出发,把解决涉及人民群众切身利益的实际问题作为排查调处矛盾纠纷的重点,坚持"预防为主、教育疏导、依法处理、防止激化"的原则,努力把矛盾纠纷化解在基层,化解在萌芽状态。各级社会治安综合治理委员会及其办公室要充分发挥参谋助手作用,积极协助党委、政府,认真组织协商各有关部门,主动、扎实地开展矛盾纠纷排查调处工作。

《意见》要求健全和完善矛盾纠纷排查调处工作制度。县(市)、区特别是乡镇、街道社会治安综合治理委员会及其办公室,要因地制宜，尽快制订具体实施办法，并加强督促检查。要充分发挥基层党组织及村(居)委会、治保会、调委会等基层组织的作用，把矛盾纠纷排查调处工作落到实处。矛盾纠纷排查调处工作要坚持“属地管理”和“谁主管谁负责”的原则，实行分级负责、归口调处的制度，把责任落实到部门，落实到单位，落实到人。

《意见》强调，要加强督促检查，严格实行责任制，确保工作措施落实。要严格执行社会治安综合治理领导责任制和一票否决权制，特别是要把矛盾纠纷排查调处工作开展情况和实际效果与责任人的政绩、晋职晋级、奖惩等紧密挂钩。对工作得力、成绩显著的，要记录在案，作为考察干部的重要材料；对因工作不力或隐瞒情况，酿成重大治安问题，造成严重后果的，要坚决行使社会治安综合治理一票否决权，对有关领导要追究责任，严肃处理。

枫桥镇是浙江省诸暨市的一个小镇，它虽然小，但是很有名，因为几十年来这里的治安状况一直非常好，这里的居民没有一家安装防盗门，也没有一户架设防护窗。早在 1963 年，枫桥区干部群众就创造了“依靠和发动群众，坚持矛盾不上交，就地解决，实现捕人少、治安好”的“枫桥经验”。同年 11 月，毛泽东主席亲笔批示：“要各地仿效，经过试点，推广去做”。从此，“枫桥经验”成为全国政法战线一面鲜艳旗帜。党的十一届三中全会以后，枫桥镇坚持专群结合、群防群治，运用“组织建设走在工作前，预测工作走在预防前，预防工作走在调解前，调解工作走在激化前”的“四前工作法”，将大量矛盾纠纷化解在基层，总结出“党政动手，各负其责，依靠群众，化解矛盾，维护稳定，促进发展。做到小事不出村、大事不出乡镇、矛盾不上交”的新“枫桥经验”，走出了一条经济繁荣、社会稳定、人民安居乐业的新路子，使“枫桥经验”成为社会治安综合治理的一个成功典范。

与之相反，有些地方由于工作不到位、排查不及时而导致“民转刑”乃至恶性案件发生的情况也屡见不鲜。妇女网 2004 年 8 月

27日发表了题为《对福建大田县几起家庭纠纷引发恶性案件的调查与思考》的报道，介绍并分析了几个由于排查工作不到位、预防不及时而导致恶性案件发生的典型案例，其中一个最有典型意义的案件是发生在福建省大田县的妻子杀夫案。该县桃源镇山坪村村民郑祥吉与同村村民林玉庄经他人介绍，在缺乏感情基础的情况下草率结婚。婚后一直未能建立起较好感情，林玉庄认为郑祥吉不是她终身可以依靠的丈夫，于是就红杏出墙，暗中与同村村民苏某来往并发生不正当关系，有托付终身之意。2001年5月15日，林玉庄与苏某的关系被其夫郑祥吉发现，郑祥吉就经常责骂和殴打林玉庄，并四处扬言要与苏某誓不两立，要杀苏某全家，林玉庄与郑祥吉的矛盾进一步升级，达到互不相容的地步，林玉庄便产生了杀死郑祥吉的念头，并蓄意寻找机会。在同年7月19日凌晨，林玉庄趁郑祥吉熟睡之机将其杀害。通过对案件发生原因的分析，发现调解组织工作弱化是事件未能得到阻止的重要因素。从案情看，除了家庭责任感缺乏、法律意识淡薄之外，同时也暴露了基层调解组织在处理家庭纠纷时存在的问题，就是排查工作不到位，缺少防范意识。林玉庄因“红杏出墙”而导致夫妻矛盾激化，愈演愈烈，而且持续的时间又长，可调委会却未能及时排查、及时掌握纠纷发生和发展的动态，未能及时采取措施防止矛盾激化。这个案件反映出部分调解组织和人民调解员在工作中存在的问题，尤其是缺少防范意识。群众利益无小事，我们要警钟长鸣，牢固树立防范意识，扎扎实实做好纠纷的排查工作，筑起预防纠纷的坚固防线。

日常生活中人民群众之间不可避免的要发生矛盾纠纷。从本质上讲，这些矛盾和纠纷都是非对抗性的，但如果处理不当，非对抗性矛盾就会转化成对抗性矛盾，给社会带来危害。人民调解委员会扎根于人民群众之中，对调解民间纠纷，防止矛盾激化起着重要的作用。人民调解委员会要通过对婚姻、家庭、继承、房屋、析产等纠纷的处理，促使双方当事人互谅互让从而妥善地解决争端。人民调解员就是要见微知著、防微杜渐，细心观察、分析和判断，将纠纷消灭在萌芽状态，以消除纠纷产生、发展、爆发、激化的条件。一旦纠纷发生，就应采取相应措施。有的虽已“剑拔弩张”、“短兵相接”，但由于调解人员的措施得当、方法对头，也会化险为夷，成功地制止案件的发展，避免事态的扩大。

纠纷排查有两种方式：一是参加司法行政机关组织的排查；二是调解委员会根据纠纷情况自行组织排查。不管是哪种排查，人民调解委员会都要做好以下几个方面的工作：一是明确排查目的和意义；二是掌握排查的时间、范围、方法；三是逐门逐户进行摸底排队，掌握纠纷的重点户、重点人；四是填写排查工作统计表；五是排查后，司法行政机关要认真分析排查统计表，对摸出的纠纷线索进行分类、排序，对排查出的纠纷重点户、重点人，落实调解人员和调解部门，采取有效措施，抓早、抓小、抓苗头，及时疏导调解。对应当由人民调解委员会调解的，落实调解人员，及时化解矛盾纠纷；不属于调解范围或调解不了的，应及时上报；对排查中揭发出来的犯罪线索，要立即移交公安部门处理。

人民调解员为了有效防止矛盾的激化，要经常不断地总结工作经验和工作方法，深入实际调查研究，从而掌握纠纷的真实情况，弄清纠纷发生、发展的来龙去脉，明确双方争执的焦点和主要问题，了解纠纷中关键人物的思想状态。对双方分歧的观点和争执的问题，要耐心听取各种不同意见，注意兼听则明，防止先入为主，为对症下药、有的放矢地解决纠纷创造条件。在防止矛盾激化的过程中要善于发现苗头，凡是在矛盾激化之前总会有先兆发生。如有人一反常态、心神不定、语无伦次；悲观厌世、痛不欲生；或身带毒药，手持凶器，扬言自杀或声称与他人一决雌雄等。凡是遇到上述情况，人民调解员就应立即采取行动和必要的安全措施，从而防止矛盾激化，防止恶性事件的发生。

在纠纷的预防方面，山东省的做法值得借鉴。

一是坚持做到“双排查”制度。即一般矛盾经常排查，敏感时期、重要时期专题排查。各乡镇每半个月进行1次排查，县(市)调解中心每月1次统一调度、汇总，县(市)综治委每季度召开1次社会矛盾分析会，县(市)调解中心成员单位每月1次碰头会，及时掌握全县(市)面上存在的突出矛盾和问题；每逢重大节日、重要会议、重大活动期间，都要组织开展社会矛盾纠纷及不稳定因素专题大排查，对排查出的不稳定因素早做工作，早定预案，提前防范，及时化解。

二是信息专报制度。发挥基层信息员、人民调解员身居一线的优势，发现重大矛盾隐患及突发性事件苗头，在第一时间迅速报乡镇调解中心，调解中心立即专报当地党委、政府主要领导及分管领导，及时召开会议，采取措施化解，确保情况早知道、工作早到位、问题早解决。

三是联席会议制度。对重大疑难和牵扯面大的复杂矛盾纠纷，由县(市)调解中心提出方案，县(市)委、县(市)政府定期召开有关乡镇、部门责任人参加的联席会议，遇到重大问题随时召开，明确牵头领导，指定责任部门，相互配合，共同抓好落实。

七、普法宣传教育与人民调解工作相结合

在开展人民调解工作的同时，要注意向群众宣传法律知识。不懂法或法制观念淡薄是导致纠纷发生的重要因素之一，人民调解工作一方面要通过调解各种纠纷向群众讲解法律知识，使群众树立法制观念；另一方面，由于人民调解工作是运用法律、政策来进行的，本身即体现了法治精神，因此有助于培养人民群众的法律意识。群众有了较强的法律意识，就会在主观上约束自己的行为，起到减少纠纷发生的作用。将法律宣传教育与人民调解工作相结

合，还可以为调解工作的开展营造良好的舆论氛围。

北京市昌平区司法局开展的法庭进村活动比较有特色。昌平区农村大部分为山区、半山区，群众的文化素质、特别是法律素质偏低，这给调解工作的开展带来了很多麻烦。昌平区司法局将普法工作与人民调解有机地结合起来，通过普法宣传提高农民的法律意识，为调解工作的开展营造舆论氛围。具体做法是，与昌平区人民法院合作，建立了法庭进村制度。法院把适合公开审理的赡养、抚养、邻里、宅基地等案件，搬到农村开庭审理。这种让群众旁听法庭审理的形式，实际是对群众进行形象生动的法律教育，群众喜欢听、印象深刻，教育效果显著。由于群众法律意识提高了，调解人员今后再调解类似的纠纷就容易得多了。

北京市平谷区马昌营镇南定福村在村党总支、村委会的领导下，村法律宣传教育工作小组结合本村实际，采取了以下几种形式对广大干部群众进行法律宣传教育：一是建立法制学校，使法制学校成为村民学习法律知识、了解国家政策、提高法律素质的阵地；成为村民依法解决纠纷、化解矛盾、维护稳定的阵地。二是聘请专业人员和村民组成的法制文艺演出队，以小品、相声等形式表演老百姓身边的事，把法制教育寓于娱乐之中，使老百姓在笑声中增长法律知识。诸如“守法五字歌”、“普法墙头诗”等一批脍炙人口、通俗易懂的法制文艺作品在干部、群众中产生了积极的学法效应。三是根据中心工作和农村发展实际，利用广播、影视等形式组织村民学习相关法律法规知识。如在抗击“非典”、抵制“法轮功”、防治“禽流感”环境整治等项工作中，大力宣传《中华人民共和国宪法》、《传染病防治法》、《北京市取缔、防范、惩治邪教的决定》、《北京市市容环境卫生条例》等法律、法规，确保村民知法、守法，使工作能依法顺利实施。四是做好党员干部的学法、用法工作。村两委班子始终把提高村干部的民主法治意识放在首位，村聘请常年法律顾问，司法所干部为村内党员干部讲法制课。通过学习，村干部法律素质明显增强，依法决策、依法办事能力不断提高。五是在法制宣传日和节假日，向每户村民发放《举案说法 100 例》、《平谷区农村常用法律法规选编》、《家庭侵权案件法律宣传丛书》等有关法律的宣传书籍。通过以上一系列行之有效的普法宣传教育活动，为全村的社会政治稳定和民主法制建设奠定了坚实基础。

八、加强人民调解工作的横向联合

近年来，各地司法行政机关和人民调解组织，不断积极探索加强人民调解工作的新途径。人民调解委员会是开展人民调解工作的专门机关，但已经不再是惟一机关。群专结合、上下协调、各方联动、合力调解各类社会矛盾纠纷已成为大势所趋，真正形成了全民参与调解的“大调解”格局。典型的做法包括以下几种。

（一）实现“四个对接”

一是与司法行政工作对接。把普法、依法治理等基层司法所的职能纳入调解中心，在提高干部群众法制观念和法律意识的同时，依法及时有效地化解矛盾纠纷。

二是与信访工作对接。各级党委对调解和信访工作，做到任务同时安排部署，例会同时要求参加，信息同时要求上报，工作同时检查指导，使二者有机结合起来，既提高了信访工作效率，又有效地减少了因调解不及时、不得力而导致矛盾激化现象的发生。

三是与政法工作对接。政法部门充分发挥职能作用，密切配合，通力协作，全面提升处置突发性、群体性事件的能力，构筑起了“大排查、大调解”的工作格局。

四是与纪委工作对接。借助纪委监督的权威性，依法依纪处理各类矛盾和问题。

通过实行“四个对接”，初步走出了一条群专结合、上下协调、各方联动、合力调解各类社会矛盾纠纷的新路子。

(二)吸收群众参与调解

我国有群众自我管理的传统,家庭、邻里发生纠纷后,家族中的长辈或亲朋好友、街坊邻居往往会出来劝架,许多纠纷就是通过劝架得以解决的。由于农村人与人之间的关系更加密切,所以这种效果更加明显。人民调解工作也要走群众路线,相信群众,依靠群众,走人民调解员与调解积极分子相结合的道路。在加强人民调解员队伍建设的同时,要注意调解积极分子队伍建设,把那些热心调解,有一定能力和威信的人发展成积极分子。积极分子平时是“耳目”,能够及时发现纠纷苗头,有利于排查工作的开展;调解时是帮手,有助于了解纠纷的真实情况,必要时还可以帮助进行调解工作。

第六章　人民调解协议

一、人民调解协议的概念和特征

经过调解，双方当事人接受了调解方案，握手言和，并将调解达成的解决方案用书面协议的形式固定下来，这个书面的协议就叫做人民调解协议，它的签订标志着人民调解的最终完成。因此，所谓人民调解协议，就是指发生民事纠纷的双方当事人在第三方人民调解委员会的主持下，本着平等、自愿的原则，就纠纷的解决方案而达成的协议。人民调解协议不同于双方当事人自行协商签订的协议，也不同于人民法院制作的调解书。

人民调解协议具有以下四个特征。

第一，人民调解协议必须是在人民调解委员会主持下达成的。是否经过人民调解委员会调解，是人民调解协议区别于双方当事人自行协商签订的协议以及人民法院制作的调解书的重要标志。未经人民调解委员会调解，双方当事人私下签订的解决纠纷的协议不是人民调解协议，也就意味着不受有关法律的保护。人民法院在审理民事案件的过程中，也可以对纠纷进行调解，但法院的调解叫做诉讼内调解，调解达成的协议要用调解书的形式送达双方当事人，在调解书上要加盖人民法院的印章。如果一方当事人不履行义务，另一方当事人可以直接向法院申请强制执行。

第二，签订人民调解协议的主体必须是民事纠纷的当事人，也就是通常所说的“甲方”、“乙方”，是享受协议约定权利、承担协议约定义务、受协议约束的人。如果不是纠纷的当事人，就不能以自己的名义签订协议，只能参与调解、支持一方的意见，最后落实在协议上的"甲方"、"乙方"还应当是纠纷的真正当事人。

第三,人民调解协议必须是双方当事人在平等协商的前提下,对纠纷的解决自愿达成一致而签订的。在调解的过程中,双方当事人的地位是平等的,不存在谁比谁地位高的问题,哪怕辈分不同、贫富不同、社会地位不同。而且人民调解协议是在双方当事人自愿协商的前提下达成的,必须出于其内心真实的想法,是在没有受到威胁、恐吓、欺骗的情况下接受的。

第四,人民调解协议必须采用书面形式,必须加盖人民调解委员会的印章。人民调解协议具有法律效力,双方当事人必须遵守,因此必须采用书面形式,目的在于"白纸黑字",防止当事人"不认账"。加盖人民调解委员会的印章,标志着调解协议是经过人民调解委员会调解的人民调解协议,不同于一般的调解协议。没有采用书面形式,或没有加盖人民调解委员会印章的调解协议是无效的。

二、人民调解协议的法律效力

最高人民法院审判委员会于 2002 年 9 月 5 日通过了《最高人民法院关于审理涉及人民调解协议的民事案件的若干规定》(以下简称《规定》),并于 2002 年 11 月 1 日开始施行。该《规定》所体现的核心精神就是承认人民调解协议具有民事合同的性质,也就是说法律将人民调解协议看作民事合同。既然是合同,双方当事人就必须遵守,就意味着受法律保护。因此,人民调解协议一旦签订就必须遵守。如果一方当事人不遵守调解协议,另一方当事人可向法院提起诉讼,法院会判决按照人民调解协议的约定来执行。

据《法制日报》2003 年 2 月 18 日报道,北京市丰台区王佐镇怪村的白某夫妇婚后生育三子,均已成年,白某夫妇随小儿子共同生活。2002 年 3 月,白某夫妇双双煤气中毒,生命垂危,长子夫妇闻讯将二老送往就近的医院进行抢救，并交纳了住院押金 6 000 元。由于抢救及时，白某夫妇脱离了生命危险，住院几日后，花销了 2 000 余元医药费。虽脱离了生命危险，但白老太却从此瘫痪在床，生活不能自理，白某也不得不整日伺候妻子，无法外出工作，全家仅凭小儿子的微薄收入度日，生活陷入困难之中。了解到此情况后，镇司法所和村人民调解委员会派人民调解员到白某家，进行调解，并达成了人民调解协议。协议中明确约定了三个儿子对父母的具体赡养事宜，并对相关财产进行了分割。此后，次子、小儿子均按该协议履行了赡养义务，而长子以白某将住院押金剩余部分退还给次子为由，未按分家协议履行赡养义务，故白某夫妇于 2003 年 1 月到法院起诉，要求长子履行赡养义务。法院经审理后认为，在人民调解委员会主持下达成的人民调解协议不违背有关法律的强制性规定，亦为双方当事人自愿，系各自真实意思表示，应为有效协议，双方均应自觉按照协议内容履行各自义务。

另据扬子晚报网 2005 年 10 月 24 日报道，中学生李欢欢的父母分居后，对李的抚养费问题争执不休，经人民调解组织多次调解，双方达成协议，由李父每月给付抚养费 200 元。协议签订后，李父仅支付了 2 个月就不再履行，导致李欢欢生活发生困难，李欢欢持调解协议起诉到法院。法院经庭审审查后认为，李欢欢与其父经人民调解员调解达成调解协议的内容、程序均符合法律规定，法院应当予以支持，直接判决当事人按协议履行。

以上两个案例都很形象地说明了人民调解协议是具有合同效力的。

将人民调解协议赋予民事合同性质具有深刻的现实意义。过去由于我国法律对人民调解协议的性质和效力没有明确的规定，因此人们往往认为达成的调解协议可以不算数。因一方当事人不履行调解协议而起诉到人民法院，人民法院往往也不认可调解协议的效力，经常是将已经达成的人民调解协议抛在一边，对案件重新审理，使达成的人民调解协议变成废纸一张。由于人民调解协议没有约束力，所以严重挫伤了人民调解员的积极性，人民调解委员会的作用不能得到充分发挥，不利于及时化解社会矛盾，维护社会稳定。人民调解委员会和人民法院受理民事案件的比例由以前的 17∶1 迅速下降到 1.7∶1，这一事实就充分说明了将符合条件的人民调解协议认定为具有民事合同性质，必将有助于促进人民调解法律制度的进一步完善。

三、人民调解协议的种类

依据不同的标准可以把人民调解协议划分为不同的种类。

一是以人民调解协议有无法律效力为标准，分为有法律意义的人民调解协议和无法律意义的人民调解协议。有法律意义的人民调解协议是指《规定》确认的具有民事权利、义务内容的调解协议。简单地讲，就是指那些为了解决法律问题，具有法律意义的人民调解协议。例如有关分家析产、损害赔偿、相邻关系的人民调解协议。这种人民调解协议具有民事合同的性质，对当事人具有法律上的约束力，违反这种人民调解协议要承担民事责任。还有一些人民调解协议，其内容不涉及法律问题，因而叫做不具有法律意义的人民调解协议。例如，妻子与丈夫约定的改掉酗酒恶习的人民调解协议，或遇事与妻子商量、不擅自做主的人民调解协议等等。这种调解协议虽然不会对当事人产生法律约束力，但是可以发挥道德的约束作用，对净化社会风气、解决纠纷有意义。因此，虽然这种人民调解协议不具有法律意义，但仍要鼓励当事人通过达成协议来解决纠纷。由此可见，并不是所有的人民调解协议都受法律保护，只有那些具有民事权利、义务内容的民事调解协议才具有民事合同的性质，才是受《规定》保护的人民调解协议。

做这种分类的意义在于，区分哪些协议受《规定》的保护，在因协议的履行起诉到法院后，能否被认定为具有民事合同的性质，从而得到法律的保护。

二是以人民调解协议是否具有强制执行效力为标准，分为有强制执行效力的人民调解协议和无强制执行效力的人民调解协议。有强制执行效力的人民调解协议是指经过公证机关公证的具有特定内容的人民调解协议。如因这类人民调解协议发生纠纷，不用再到人民法院起诉，不用再经过审判，而是直接向人民法院申请强制执行。这里并不是说所有经过公证的人民调解协议都是有强制执行效力的，只有公证机关针对追偿债款、物品等具有债权内容的人民调解协议所做出的、证明该调解协议具有强制执行效力的公证书才具有强制执行的效力。除此以外的人民调解协议都是无强制执行效力的人民调解协议。

这种分类的意义在于纠纷的解决是否需要经过法院的审判程序。

三是根据人民调解协议解决的纠纷内容不同，分为解决婚姻家庭纠纷的人民调解协议、解决生产经营性纠纷的人民调解协议、解决财产性纠纷的人民调解协议、解决侵权性纠纷的人民调解协议等等。

这种分类的意义在于进行调解时要注意根据本类纠纷的特点，采取相应的对策。

四、制作人民调解协议书

人民调解协议书是在人民调解委员会主持下，双方当事人对纠纷的解决自愿达成一致意见的书面文书。

(一)人民调解协议书的结构

协议书的结构大体可分为三个部分，即首部、正文、尾部。

首部应包含四项内容。一是标题，写明×××人民调解委员会调解协议书。二是人民调解卷宗的编号，写明“(　　)×民调字第×号”。“(　　)”里填年份，第一个“×”代表制作该协议书的调解委员会的简称，第二个“×”代表调解的顺序号。三是当事人基本情况，写明申请调解人与被申请调解人的姓名、性别、年龄、民族、职业以及住址。当事人一方如果是企事业单位、社会组织时，要写明单位全称、地址、主要负责人姓名、职务。四是有关程序的基本情况，即写明受理纠纷的日期、调解主持人和其他参加调解的人民调解员的姓名，若邀请了有关人员协助调解，则调解参与人的姓名应一并写上；是否已告知当事人人民调解的性质、原则和效力；调解日期、地点；当事人是否申请回避，若申请回避，人民调解委员会又会如何处理等情况。

正文也包含四项内容。一是当事人的主张及理由，主要应写清纠纷事实与争议的焦点。关于事实、理由的详与略，应根据实际需要和当事人的要求来决定，该详则详，该略则略，详略得当。二是对调解人员认定的事实，要写明认定争议事实所依据的证据以及在证据基础上对事实的结论。三是调解理由，这里主要应说明调解所依据的法律、政策或社会道德规范。四是调解协议的具体内容，即当事人最终达成协议的具体内容。在分列协议具体内容之前应写上“依据当事人平等、自愿、充分协商达成如下协议”这句话，以突出对当事人意见的尊重。至于协议条款，根据《规定》第三十五条规定，务必涵盖责任的承担、当事人的权利义务、履行协议的方式、地点以及期限等内容。通过人民调解委员会的调解，当事人应在平等协商的基础上，就纠纷解决达成一致意见。这在人民调解协议中至关重要，它是调解活动成功的具体标志。因此，在调解协议书中必须明确、具体地阐明双方当事人应当享有什么样的权利、承担什么样的义务，以免在实际履行过程中产生争议，削弱调解所取得的成果。还要写明履行协议的方式、地点、期限。履行就是执行，调解协议有多种履行方式，适用哪一种或几种方式要在人民调解协议中写明。同时，要明确调解协议的履行地点、期限，以免因人民调解协议无法得到实际履行，影响对当事人权益的保护。

尾部也包括四项内容。一是告知当事人有履行协议规定的义务，即写明“除非出现法律规定的情形，当事人应当自觉履行本协议”。二是告知当事人享有的程序权利，即写明“对于达成调解协议后又反悔的或对方当事人无正当理由拒不履行协议的，一方当事人可以在2年内向有管辖权的人民法院提起诉讼”。三是调解主持人和其他参加调解的人民调解员签名，调解委员会盖章。四是注明年、月、日。

例7

北京市昌平区回龙观村人民调解协议书

(2004)回民调字第023号

甲方：王宏伟，男，汉族，45岁，村办冷饮厂职工，住本村3组9号。

乙方：刘斌，男，汉族，58岁，本村务农，住本村3组10号。

甲乙双方因采光权发生纠纷，甲方请求人民调解委员会进行调解，乙方亦表示接受调解。经查，双方纠纷的实际情况是：甲乙双方宅基地相邻，乙方位于甲方南侧。2004年3月，乙方翻建北房三间，在未经村委会同意、未与乙方协商的情况下，擅自将底盘加高，并将房屋后墙砌高。经实地测量，乙方所建房屋从地基到房脊的高度为6.35米。乙方所建房屋距离甲方原有房屋的直线距离为5.10米。人民调解委员会认为，根据相关规定，乙方所建房屋与甲方房屋之间的距离过近，严重影响了甲方的采光，其行为违反了《民法通则》当中相邻权的有关规定，侵害了甲方的合法权益，应当承担由此而产生的全部责任。经调解，乙方认识到了自己的错误，并经友好协商，双方自愿达成如下解决方案：

一、乙方承认自己的行为是错误的，损害了甲方的合法权益，并向甲方表示真诚的歉意。

二、甲方对乙方表示谅解，放弃要求乙方拆除房屋的请求。

三、乙方给付甲方健康费5 000元，于2004年12月31日前付清。如不能在上述期限之内付清款项，乙方愿意按照每延迟一日支付未给付数额千分之一的标准支付违约金。

四、双方表示要从团结和睦的愿望出发，妥善处理好邻里关系，今后将不再继续纠缠此事。

甲方：（签名并注明年月日）　　人民调解员：（签名并注明年月日）

乙方：（签名并注明年月日）　　回龙观村人民调解委员会（盖章）

（二）制作人民调解协议书时需注意的问题

调解协议书用书面语言表达了调解协议的内容，制作调解协议书的目的是为了防止当事人不履行调解协议。一旦一方当事人不履行协议，另一方可以通过诉讼来维护自己的权利。从诉讼的意义上说，调解协议书是十分重要的证据，法院将根据调解协议书的约定来做出判决。由此可见，调解协议书十分重要，具体制作时应注意以下几个方面的问题。

1. 调解协议书必须准确表达调解协议的内容　调解协议书和调解协议的内容是相互关联的两个概念，协议书是协议内容的载体，协议内容是通过语言表达的，协议书是协议内容由语言转换为文字的结果。因此，必须保证转换的准确性，协议书反映的内容要和口头的约定相一致。在制作调解协议书时，一定要注意审查调解协议书是不是准确反映了调解协议的内容，千万不能“走样”。在制作完成后，要请双方当事人审阅，并征求他们的意见。

2. 注意调解协议书的语言风格　调解协议是双方当事人自愿达成的，因此制作调解协议书时用语应反映出自愿的语气，不能使用强制性、命令性的语气。如“张××欠王××壹仟元整，限在调解生效后十五日内一次性付清”。这里“限在”一词具有命令的意思，在调解协议书中出现这种用语显然不妥，应将其改为“于”。另外注意用语要文明。应避免使用过于激烈或者过于尖锐的语言，以使双方当事人都能够心悦诚服地接受。否则，就会引起适得其反的效果，甚至会使一方当事人产生对人民调解委员会的不信任。一般应使用中性的语言，不能使用带有道德否定和人格侮辱色彩的语言。如“厚颜无耻”、“见利忘义”、“丧尽天良”等等，这些带有明显贬义色彩的词汇是不能使用的。

3. 注意区分哪些情况需要制作调解协议书　有民事权利义务内容的调解协议一般应制作调解协议书。如果经调解后能够当即履行，并且当事人不要求制作调解协议书时，可以不制作。没有民事权利义务内容的协议，当事人要求制作调解协议书，而且人民调解委员会也认为确有必要的，也可制作调解协议书。

五、人民调解协议的效力

人民调解协议的效力问题，就是指签订的某个人民调解协议能不能得到法律的承认和受到法律的保护。当事人没有义务履行不具备法律效力的人民调解协议，因而是否具有法律效力是人民调解协议的核心问题。根据最高人民法院《规定》的精神，人民调解协议的效力包括有效、无效、可变更和可撤销等几种情况。

(一)人民调解协议有效

也可以叫做有效的人民调解协议。是指当事人达成的人民调解协议符合法律的规定,因而在当事人之间产生法律约束力的情形,也就是指那些受法律保护的人民调解协议。这是我们所期待的情形,签订协议的目的在于希望受到法律的保护,只有有效的人民调解协议才能受到法律的保护。要想使人民调解协议有效,则该人民调解协议应符合以下条件。

1. 双方当事人应具有完全民事行为能力 民事行为能力是指当事人能够亲自实施民事法律行为的资格。民事行为能力问题的关键是"亲自",法律以年龄和智力为标准,将人的民事行为能力分为三类:完全民事行为能力、限制民事行为能力和无民事行为能力。18 周岁以上,且精神正常的人,具有完全的民事行为能力;16 周岁以上不满 18 周岁的人,以自己的劳动收入为主要生活来源的,也就是说已经参加了工作,能够自食其力的,也应当视为具有完全民事行为能力。只有符合上述条件、具备完全民事行为能力的人所签订的人民调解协议才可能是有效的。否则,调解协议无效。

既然未成年人和精神病人不能作为人民调解协议的当事人,那么由于他们引起的纠纷又该如何处理呢?例如,赵某某是个 7 岁的小孩,由于年少调皮,他在玩火时引起火灾,烧毁了邻居葛某的 1 间房屋,由此产生了赔偿纠纷。法律为了解决这类问题,专门设立了监护人制度,未成年人的父母、精神病人的配偶或父母、成年子女就是他们的监护人。对于这类纠纷可以由未成年人或精神病人的监护人来与纠纷的另一方当事人进行协商并达成调解协议。在上例中,赵某某的父母作为监护人可以和葛某达成调解协议来解决该纠纷。

2. 意思表示真实 是指人民调解协议的当事人表达出来的

有关纠纷解决的意见与其内心的想法应当是一致的。是否接受调解,必须出于当事人内心真实的意愿。例如,桂某的果树被李某的羊啃伤枯死,二人针对这一纠纷达成调解协议:李某赔偿桂某果树枯死的损失200元,桂某愿意接受这200元钱了结此事。这个调解协议完全是他们在自愿的基础上达成的,协议表达的意思与他们内心的真实想法是一致的,因而他们的协议有效。如果当事人达成调解协议是由于被欺诈、胁迫或者重大误解,那么其意思表示就是不真实的,不能导致调解协议有效的法律后果。在实践中应注意:一是不能强迫当事人签订调解协议;二是不能让当事人在不清楚的情况下签订协议。

3. 不违反法律、行政法规的强制性规定,不损害社会公共利益 这里所说的法律是全国人大及其常委会制定的法律,行政法规是国务院制定的法规。不违反法律和我们平常习惯所说的要符合法律规定的说法是有区别的。法律规范可以分为任意性规范和强制性规范。前者是指法律虽然有规定,但这些规定并不强制当事人遵守,当事人如果有约定,则按约定办,没有约定才按照法律的规定办。合同法中的许多法律规范就属于任意性规范。如果当事人之间的约定不符合任意性规范,也不会导致人民调解协议的无效。强制性规范是指那些当事人必须遵守的规范。如果人民调解协议违反法律的强制性规范,则人民调解协议肯定是无效的。例如,当事人谢某和王某在农产品买卖中由于价款发生纠纷,二人在协议中约定:“双方在买卖农产品过程中用偷税的办法来弥补由于价款过低给谢某造成的损失”。我国税法规定任何人都有依法纳税的义务,该协议违反了税法的强制性规定,因而是无效的。再如,刑法规定走私、贩卖毒品是犯罪行为,对该行为要予以坚决制止和打击,如果当事人达成人民调解协议的目的是分配贩毒所得的赃款,从而解决他们之间因分赃不均产生的纠纷,那么该协议违反了刑法的强制性规定,也是无效的。

社会公共利益就是全体社会成员的根本利益，是大家期望的共同利益。例如，公共安全、公共秩序、公共卫生等。一般认为，损害社会公共利益的行为包括危害国家公共安全和秩序、危害公共道德、危害公共健康和环境、危害经济秩序、损害人格和人格尊严等。当事人达成的人民调解协议如果损害了社会公共利益将会导致该协议无效。例如，约定偿还赌债的人民调解协议，约定丈夫可以辱骂妻子的人民调解协议，都损害了社会公共利益，因而是无效的。

(二)人民调解协议无效

也叫做无效的人民调解协议，是指当事人达成的人民调解协议因违反法律的强制性规定，所以没有法律效力的情形。包括以下几种情况。

1. 损害国家、集体或者第三人利益的人民调解协议 法律允双方许当事人对争议事项进行协商并相互做出让步，以尽快解决纠纷。但是，世界上没有绝对的自由，通过协商所达成的解决方案也不是没有任何底线的。通过协商达成的人民调解协议不能损害国家、集体或第三人的利益，这就是底线，一旦突破这个底线协议就是无效的。因为国家、集体或第三人的利益是受法律保护的，任何人不得侵犯，当事人“自愿”达成的协议如果损害了他人利益，肯定是不能得到法律认可的。例如，何某开车撞倒了江某的房屋，二人达成调解协议，约定江某可以到何某承包的山上砍伐树木用于重建房屋。按照法律规定，林木虽然由何某承包，但属于集体所有，此约定损害了集体的利益，该人民调解协议是无效的。再如，兄弟二人由于财产继承发生纠纷，都认为自己分得的份额太少，后二人达成人民调解协议，约定把妹妹应继承的财产平分。这个人民调解协议损害了合法继承人——妹妹的利益，因而也不会产生法律效力。

2. 以合法形式掩盖非法目的的人民调解协议 以合法形式掩盖非法目的也叫做规避法律，就是用看起来似乎“合法”的形式来达到自己非法的目的。当事人达成的人民调解协议在形式上是合法的，但在目的上却是非法的。例如，孙某与其表哥周某签订了货物买卖合同，但孙某无法按时交货，二人因此发生纠纷。后二人达成了调解协议，孙某在协议中表示愿意用所有的财产赔偿周某很小的损失。这份协议是双方自愿签订的，看似合法，但实际上是因为孙某欠了银行一大笔贷款，银行正准备起诉他。他承诺用全部财产赔偿周某的真正目的是转移财产、逃避银行的债务。这种行为就其外表来看是自愿签订的协议，好像是合法的，但真实的目的是逃避债务。由于被掩盖的目的是非法的，且将造成对他人的损害，因此这种协议是无效的。

3. 损害社会公共利益的人民调解协议 不损害社会公共利益是人民调解协议的有效要件，损害社会公共利益的人民调解协议肯定没有法律效力。

4. 违反法律、行政法规强制性规定的人民调解协议 人民调解协议无论从内容来说还是从形式来说都应当是合法的，违反法律、行政法规强制性规定的人民调解协议当然无效。在实践中一定要注意这一点，否则就会被法院宣告无效。宅基地、农村土地、矿山的所有权是不能买卖的，买卖上述权益的协议无效。违章施工、违章开采、无照经营的行为是被法律禁止的。在婚姻家庭、财产继承方面，男女享有完全平等的权利。违反上述规定的人民调解协议也是无效的。

5. 人民调解委员会强迫调解的人民调解协议 如果当事人不愿选用人民调解的方式，而是选择诉讼或其他方式，那么人民调解委员会就不能进行调解。如果强迫当事人调解，达成的所谓调解协议是无效的。

调解协议还有全部无效和部分无效的问题。全部无效是指整个人民调解协议都没有法律效力，如果人民调解协议的全部内容或者关键条款无效，则会导致人民调解协议的全部无效。部分无效是指人民调解协议的个别条款无效，而且不影响其他部分效力的，其他部分仍然有效。例如，兄弟二人由于分家析产发生纠纷，二人达成的人民调解协议约定：二人各自保有已经分得的财产所有权，哥哥借钱给弟弟搞经营，弟弟向哥哥支付利息。后来得知，关于利息的数额违反了国家关于民间借贷最高利息的限制性规定，属于高利贷。超过法律规定部分的利息应当认定无效，其他部分的约定因没有违反法律的强制性规定，仍属有效。

（三）人民调解协议的变更或撤销

在实践中，除了前面所说的无效人民调解协议外，有时还会发生另外一种情况，就是双方当事人签订协议之后，其中一方当事人发现协议的内容不符合自己的真实想法，而且损害了自己的利益。在这种情况下，可以按规定变更或撤销已签订的人民调解协议。人民调解协议的变更或撤销，是指人民调解协议的当事人请求人民法院修正或撤销内容违反当事人真实意思的人民调解协议的行为。

人民调解协议的变更或撤销与人民调解协议的无效虽然都是针对有“瑕疵”的人民调解协议的补救措施，但二者区别很大，主要表现为：一是针对的情形不同。属于变更或撤销的情形主要是指那些违背一方当事人真实想法的人民调解协议，包括因欺诈、胁迫、重大误解、乘人之危而签订的人民调解协议。从本质上来讲，这些人民调解协议损害的是一方当事人的私人利益。无效的人民调解协议针对的是损害了国家、集体或第三人利益的行为，涉及的不仅仅是当事人之间的私人利益，而是损害了国家、集体或第三人的利益。二是人民调解协议的变更或撤销必须由当事人主动向法院提出。法律将是否请求变更和撤销的权利授予当事人，由其决定是否变更或撤销该人民调解协议，人民法院对此采取不告不理的态度，也就是说如果当事人没有主动提出变更或撤销，人民法院就不能主动地变更或撤销该人民调解协议。这一点与无效的人民调解协议不同，由于无效的人民调解协议损害的是国家和社会的根本利益，所以对无效的人民调解协议效力的确认，当事人无权选择，即使当事人对无效的人民调解协议不主张无效，人民法院也会主动宣告该人民调解协议无效。三是可撤销的人民调解协议在未被撤销以前仍然是有效的。对于可撤销的人民调解协议，有撤销权的当事人有权决定是否行使请求权。在人民法院裁定撤销之前，该人民调解协议仍然是有效的。如果撤销权人没有在规定的期限内行使撤销权，或者撤销权人仅仅要求变更该人民调解协议，则该人民调解协议继续有效，当事人要依照人民调解协议的内容履行义务，任何一方当事人都不得以该人民调解协议具有可撤销的事由而拒不履行义务。与此不同的是，无效的人民调解协议不论当事人的态度如何，都是无效的。因此，不得要求当事人履行无效的人民调解协议。

1. 属于可变更或撤销的人民调解协议的主要类型

(1)因重大误解签订的人民调解协议　所谓重大误解就是我们通常所说的理解错误，是指当事人因自己认识上的原因，对人民调解协议的主要内容发生理解上的重大错误，直接影响到当事人应享有的权利和应承担的义务，并损害了一方当事人的利益。例如，张三在李四家与其发生殴斗，张三不慎将李四家中的青瓷花瓶打碎。张三知道这只花瓶是古董，很值钱。在调解中，张三主动提出自己愿意出 5 000 元作为对花瓶损失的赔偿，因为张三知道花瓶的实际价值远远不止 5 000 元。李四表示同意，并签订了人民调解协议。但事后张三得知，打碎的花瓶不是自己理解的那只古董花瓶，只不过是一只价钱低廉的仿古花瓶。这种一方当事人误把很小的损害当成很大的损害而多赔偿了对方当事人一大笔钱，从而承担了很重的义务，损害了自己的利益，这就是所谓的重大误解。构成重大误解需要注意以下几点。

第一，误解必须是“重大”的，一般的误解并不能导致人民调解协议的变更或撤销。只有在对人民调解协议的主要内容发生“重大”误解的情况下，才可能构成重大误解。如果是对人民调解协议的一般内容发生误解，一般不应认定为重大误解。《最高人民法院关于贯彻执行〈中华人民共和国民法通则〉若干问题的意见》第七十一条规定：“行为人因行为的性质、对方当事人、标的物的品种、质量、规格和数量等的错误认识，使行为的后果与自己的意思相悖，并造成较大损失的，可以认定为重大误解”。人民调解协议的当事人是否发生了重大误解，可以参照上述规定来认定。

第二，当事人做出的错误意思表示是由于重大误解造成的，也就是说当事人的重大误解与其做出的意思表示具有因果关系。意思表示就是当事人通过口头或文字表达的自己的观点。所表达的错误观点是因为对协议存在重大误解造成的，如果当事人虽然发生了错误认识，但没有做出相应的意思表示，或者虽然做出了意思表示却不是基于错误认识，这些都不构成重大误解，不能据此请求变更或者撤销人民调解协议。

第三，重大误解是由误解方自己的原因造成的，即因为自己不注意或者不谨慎而造成的，而不是因为他人的恶意欺骗或者受他人的不正当影响造成的，否则应视为欺诈或者胁迫，不视为重大误解。发生误解的当事人对于误解的发生具有故意或重大过失，不能作为人民调解协议变更或撤销的理由。例如，当事人在签订人民调解协议时故意保留其真实的想法，或者明知某种真实情况仍然与对方签订人民调解协议，这表明当事人希望按照表示出来的意思产生法律效果。在此情况下，并不存在意思表示不真实的问题。如果人民调解协议的当事人具有重大过失，也不能允许其以重大误解为理由提出撤销人民调解协议。例如，当事人在没有明确了解对方意思的情况下，根本不看调解协议的内容就签名盖章。在这种情况下，当事人要对自己过于轻率的行为承担责任，而不能以重大误解为由主张变更或撤销人民调解协议。

第四，误解方由于重大误解遭受了较大的损失。损失达到何种程度算作“较大损失”，要从人民调解协议解决的纠纷性质、当事人损失的金额等方面综合判断。

(2)显失公平的人民调解协议 显失公平就是明显的不公平。显失公平的人民调解协议是指一方当事人利用优势或者利用对方没有经验而签订的、致使双方的权利义务明显违反公平正义原则的人民调解协议。例如，吴某造成了张某的财产损失，由于吴某社会阅历较浅，赔偿给张某的金钱超过损失好几倍，这就属于显失公平。显失公平的人民调解协议使双方当事人的权利和义务不对等、经济利益不平衡，违反了公平合理、等价有偿原则，因而受损失的当事人可以请求调解协议的变更或撤销。在进行调解时，我们要注意公平合理地考虑双方的利益，调解方案要兼顾双方，不能明显偏袒一方。否则，另一方当事人可以以显失公平的理由请求撤销人民调解协议。

显失公平的人民调解协议具有以下特点。

一是在签订时对一方当事人明显不公平。人民调解协议应体现公平的精神，但在显失公平的人民调解协议中，一方当事人要承担较重的义务或者在经济上遭受重大损失，另一方当事人则会获得远远超过损失的利益，或者获得更多的权利。需要注意的是，这种权利义务的不公平是在签订人民调解协议时形成的，而不是在人民调解协议签订以后出现的。如果在人民调解协议签订以后由于某种情况的出现导致对一方当事人不公平，要依照其他规则来解决，而不能按可变更、可撤销的人民调解协议处理。

二是一方当事人利益受损害是因为签订人民调解协议时对方具有优势，或者自己缺乏经验。

但要注意,对方当事人具有优势是一种客观事实,对方并没有利用这种优势使受害方产生恐惧从而签订人民调解协议,否则这种行为就是胁迫,而不是显失公平。同时,受害方虽然没有经验,却没有产生重大误解,否则就按重大误解的人民调解协议处理,而不构成显失公平的人民调解协议。

(3)一方以欺诈、胁迫的手段签订的人民调解协议

①以欺诈手段签订的人民调解协议:即一方当事人故意告知对方虚假情况,或者故意隐瞒真实情况,诱使对方当事人做出错误意思表示而签订的人民调解协议,就是通过欺骗手段签订的协议。

以欺诈手段签订的人民调解协议具有以下特点。

第一,欺诈方具有故意的欺诈意图。是指欺诈方明知提供给对方的情况是虚假的且会使被欺诈人陷入错误认识,而希望或放任这种结果的发生。由此可见,欺诈方主观上具有恶意,其目的是诱使对方当事人陷入错误认识,从而签订人民调解协议。

第二,欺诈方实施了欺诈行为。欺诈行为表现为故意告知虚假事实或故意隐瞒真实情况,从而使他人陷入错误认识的行为。故意告知虚假事实是指做出虚假陈述,例如,谭某的狗踩死了高某的名贵花草,事实上高某只遭受 1 000 元的损失,却声称损失是 2 000元,这就是故意告知虚假情况。所谓故意隐瞒真实情况,是指行为人应如实告知某种真实的情况而故意不告知。例如,彭某将牛借给何某耕田,结果牛不慎丢失,本来耕牛自己回到了彭某家中,但彭某却以牛丢失为由要求何某赔偿,这属于故意隐瞒真实情况。

第三,受害方因欺诈而陷入错误认识。必须是受害方基于虚假的情况而对人民调解协议的内容发生了错误认识。如果欺诈方实施欺诈行为以后,受欺诈方并没有陷入错误认识,则不构成欺诈。如果发生了错误认识但不是因欺诈造成的,也不构成欺诈,但可能构成重大误解。

第四，被欺诈方因受到了欺诈而做出了错误的意思表示。被欺诈方在因欺诈发生了错误认识以后，基于错误的认识做出了意思表示并签订了协议，这就表明欺诈方的欺诈行为与受害方的不真实的意思表示之间具有因果联系。如果被欺诈方因欺诈行为陷入错误认识，但并未做出意思表示，则该人民调解协议不属于以欺诈手段签订的人民调解协议。

②以胁迫手段签订的人民调解协议：是指以将来要发生的损害相威胁，使对方产生恐惧而签订的人民调解协议。例如，以将要谋害对方相威胁，或以将要披露对方私生活中的不轨行为相威胁，迫使对方违心签订人民调解协议。

以胁迫手段签订的人民调解协议具有以下特点。

第一，胁迫者具有故意的胁迫意图。是指胁迫者意识到自己的行为将造成受胁迫者心理上的恐惧而希望或放任这种结果发生。胁迫者希望通过胁迫行为使受胁迫者做出某种意思表示，签订人民调解协议。

第二，胁迫者实施了胁迫行为。是指以将来要发生的损害相威胁，使对方产生恐惧。所谓损害，是指涉及生命、身体、财产、名誉、自由、健康、信用等方面的损失。损害既可以是针对受胁迫者本人的，也可以是针对受胁迫者的家庭成员、亲属、朋友等。胁迫必须使受胁迫者足以相信将来可能会发生某种危险，并足以使其感到恐惧、害怕。如果一方所声称的损害毫无根据，受胁迫者根本不相信，就不会使受胁迫者感到恐惧，就不构成胁迫。

第三，受胁迫者因受到胁迫而签订了人民调解协议。由于一方实施胁迫行为使另一方在心理上产生恐惧，在此种心理状态的支配下，使受胁迫人被迫签订了违背真实意愿的人民调解协议。由于受胁迫人是在受到恐吓的情况下签订人民调解协议，因此其意思表示是不真实的，可以作为请求变更或撤销人民调解协议的理由。

(4)乘人之危的人民调解协议　是指行为人利用他人的危难处境或紧迫需要，强迫对方接受某种明显不公平的条件，做出违背其真实意愿的意思表示而签订的人民调解协议。例如，姜某因李某给其造成损失，并因赔偿问题发生纠纷，姜某要求李某赔偿4 000元，造成的损失的确也是4 000元左右。李某知道姜某的孩子病重急需用钱，于是只同意赔偿1 000元，姜某虽然知道自己亏了不少，本不想答应，但救子心切，还是同意了李某的意见，签订了协议，这就是所谓的乘人之危。

乘人之危的人民调解协议具有以下特点。

第一，乘人之危的一方当事人具有利用他人危难或急迫的意图，如果行为人在签订人民调解协议时，并不知道对方处于危难或急迫状态，即使提出苛刻条件并为对方所接受，也不能认为是乘人之危。

第二，一方乘对方危难或急迫之际逼迫对方。所谓危难，包括经济上的窘迫，也包括生命、健康、名誉等可能会遭受的损害。所谓急迫，是指因情况比较紧急，迫切需要对方提供某种财物、劳务、金钱等。急迫主要包括经济上、生活上各种紧迫的需要，而不包括政治上、文化上等方面的急迫需要。

第三，受害人出于危难或急迫而签订了人民调解协议。不法行为人乘人之危迫使受害人签订人民调解协议，受害人明知对方在利用自己的危难或急迫而获得利益，但陷于危难或由于急迫需要而签订了人民调解协议。

第四，不法行为人获得利益给受害人造成了损失。乘人之危的行为，往往使受害人被迫接受不利于自己的条款，使不法行为人取得了在正常情况下不可能取得的重大利益，这种行为明显违背了公平原则，超出了法律所允许的限度。乘人之危不完全等同于显失公平，二者最重要的区别在于是否利用了对方的危难或急迫。

2. 变更权、撤销权的行使

(1)变更权、撤销权的行使范围　变更权和撤销权由遭受损害的一方当事人享有，如受欺诈人、受胁迫人等。变更权和撤销权属于请求权，当事人只能请求人民法院变更或撤销人民调解协议，即有权最终决定撤销或变更人民调解协议的机关只能是人民法院。

权利人有权请求变更人民调解协议，也有权请求撤销人民调解协议。变更权与撤销权尽管存在着密切联系，但两者是有区别的。撤销权的行使旨在使协议完全失效；而变更权的行使只是期望变更协议的个别条款，并不期望整个协议作废。在实践当中，到底是请求变更还是请求撤销，要看当事人的态度。需要强调的是，如果当事人仅请求变更人民调解协议而没有要求撤销，人民法院不得撤销该人民调解协议。

(2)撤销权行使的时间　撤销权不是想什么时候用都可以，要想撤销就要抓紧时间起诉，否则一旦超过期限，有"瑕疵"的人民调解协议就变成了有效的人民调解协议。法律如此规定的原因是，在协议签订很长时间后才提出撤销，会使协议的效力长期处于不稳定状况，不利于社会秩序的稳定。所以，撤销权人必须在规定的期限内行使撤销权。

第一，撤销权人行使撤销权的期限为1年。法律规定："具有撤销权的当事人自知道或者应当知道撤销事由之日起1年内没有行使撤销权，撤销权消灭"。该期限从其知道或应当知道撤销事由之日起开始计算。知道是指当事人明确知悉了撤销的事由。例如，知道其受到了欺诈或知道自己误解了人民调解协议的主要内容。应当知道是指当事人由于自己的过失在事实上并没有知悉撤销事由，但是如果他尽到通常情况下的注意义务就能够知悉。例如，某人受欺诈签订了人民调解协议，但他十分粗心，根本没有注意到很明显的受欺诈的事实，此时就是应当知道。应当知道而不知道说明该当事人对自己的权利漠不关心，对他的权利进行保护的起算点就确定为应当知道之时，而不是已经知道之时。

第二，具有撤销权的当事人知道撤销事由后明确表示或者以自己的行为放弃撤销权的，撤销权消灭。具有撤销权的当事人明确肯定地以口头或书面的方式向对方当事人表示放弃撤销权的，撤销权消灭。当事人以行为的方式放弃撤销权也可以产生上述效果。例如，当事人明知签订人民调解协议时对方有欺诈行为，但是却主动履行了人民调解协议，履行行为表明当事人放弃了撤销权。

无效的调解协议或者被撤销的调解协议没有法律约束力。人民调解协议被确认无效或者被撤销后，因该调解协议取得的财产，应当予以返还；不能返还或者没有必要返还的，应当折价补偿。人民调解协议无效或者被撤销后，有过错的一方应当赔偿对方因此所受到的损失，双方都有过错的，应当各自承担相应的责任。

六、人民调解协议的履行

协议签了就要履行。履行就是执行，就是完成在协议中约定的义务，就是落实协议的内容。“契约必须遵守”是一个古老的法则，也是整个合同法的基础。人民调解协议的履行也有规矩，必须符合法律的基本要求，具体内容包括以下几个方面。

（一）实际履行原则

当事人应按照人民调解协议约定的行为履行义务。就是说，人民调解协议约定的履行行为是什么，当事人就应当履行什么，不能任意用其他行为代替。例如，人民调解协议约定的是给付金钱，义务人就应当按照约定给付金钱，而不能用给付财物或提供劳务来代替。

(二)适当履行原则

义务人应当按照人民调解协议的约定或者法律规定全面、适当地履行人民调解协议。根据适当履行原则,义务人除必须按人民调解协议约定的履行行为履行外,还应按照人民调解协议约定的标的物的数量和质量、履行期限、履行地点、履行方式等履行人民调解协议。适当履行原则要求义务人在履行人民调解协议时全面、正确地履行各种要素,如履行标的、履行主体、履行期限、履行地点等都应当是正确的或者适当的。简而言之,就是应当全面地、不折不扣地完成协议约定的任务。

(三)诚实信用原则

当事人在履行人民调解协议时要讲究诚实,恪守信用,积极协助对方完成协议的任务。在人民调解协议的履行中,双方当事人应当相互关照,及时通报情况,发现问题及时解决,以便于人民调解协议的履行。在义务人由于不可抗力不能履行债务或不能按时履行人民调解协议时,应当将有关情况及时通知对方,并采取适当的措施加以处理。接受履行的一方应当以适当方法接受履行,并为债务人的履行创造必要的条件。

七、不履行人民调解协议的情况及法律后果

前面说到人民调解协议只要是合法有效的就必须履行,而且必须严格履行。如果有人不履行人民调解协议,那么借鉴合同法的精神,我们可以归纳出有关不履行人民调解协议的法律制度,而加以约束。

(一)不履行人民调解协议的情况

不履行人民调解协议的情况在实践中五花八门,分类方法也多种多样,但最有应用价值的是以违约的时间为标准,将不履行人民调解协议的行为分为预期违约和实际违约两种。

1. 预期违约 是指在人民调解协议中约定的履行期限到来之前,一方无正当理由而明确表示在履行期到来后将不履行人民调解协议,或者通过行为表明在履行期到来以后将不可能履行人民调解协议。关于预期违约必须强调两个特征:一是违约行为发生在约定的履行期限到来之前,发生在期限届满之后就是实际违约了。有些调解协议中有关于履行期限的约定,如"国庆节"前把钱还清、30 天内赔偿对方秧苗损失 1 000 元等,违约必须发生在"国庆节前"、"30 天内"。二是当事人在这个期限之内实施了某些行为,足以表明他将不会履行合同,一般包括明示违约和默示违约两种形态。明示违约是指在履行期限到来前,一方当事人无正当理由而明确肯定地向对方表示他将在履行期限到来时不履行人民调解协议。例如,儿子崔某与父亲崔某某签订的人民调解协议约定,儿子崔某要在 5 月 1 日前向父亲崔某某一次性支付赡养费 4 000元。但在 4 月 5 日,崔某明确告知崔某某他将来肯定不会支付这笔赡养费。这就是明示违约,应当视为违约,因为儿子在履行期限届满之前明确表示不会履约。默示违约是指在履行期到来之前,一方当事人以自己的行为表明其在履行期到来之后将不履行人民调解协议。例如,负有义务的一方当事人在履行期限到来前转移财产、抽逃资金,以逃避债务,这种行为就表明他在履行期限到来之时不会履行人民调解协议,从而构成违约。默示违约与明示违约最主要的区别是表明要违约的方式不同,明示违约是明确肯定地表示要违约,而默示违约则是通过当事人的行为推断他将要违约。默示违约是从行为中推断当事人的违约意图,因此另一方当事人应有确凿的证据证明对方具有违约的行为。

2. 实际违约 是指在履行期限到来以后，当事人不履行或履行人民调解协议不符合约定。实际违约包括以下几种情况。

(1)*拒绝履行人民调解协议* 是指在履行期限到来以后，一方当事人无正当理由拒绝履行人民调解协议的全部义务。如果仅仅拒绝履行部分义务则属于部分不履行的范畴。另一方面，一方当事人拒绝履行合同义务时，如有正当理由则不构成拒绝履行。例如，当事人行使抗辩权而拒绝履行人民调解协议就不属于违约行为。

(2)*人民调解协议的履行不能* 是指因当事人的主观原因或当事人以外的客观原因造成人民调解协议不能履行。因当事人的主观原因造成的不能履行称为主观不能。例如，人民调解协议约定一方当事人为另一方当事人提供某种劳务，但应提供劳务的当事人在履行期到来时重病住院，这属于主观不能。因当事人以外的原因造成的不能履行称为客观不能。例如，人民调解协议约定一方当事人向另一方当事人交付一个宋代花瓶，但花瓶在交付前被当事人之外的第三人打碎造成不能交付，这属于客观不能。

(3)*履行人民调解协议不符合约定* 表现为以下三种情形。

第一，迟延履行人民调解协议。是指当事人的履行违反了履行期限的规定。迟延履行人民调解协议包括义务人的给付迟延和权利人的受领迟延。义务人迟延履行，是指义务人在履行期限到来时没有按期履行债务。权利人受领迟延是指权利人在义务人履行时，未能及时接受义务人的履行。

第二，不适当履行人民调解协议。是指当事人交付的标的物不符合人民调解协议规定的质量要求。例如，人民调解协议约定一方当事人向另一方当事人赔偿优质稻种，但义务当事人交付的是劣质稻种，这种行为构成了不适当履行人民调解协议。

第三，部分履行人民调解协议。是指当事人虽然履行了人民调解协议但履行的并不是全部义务，仅履行了一部分义务。例如，人民调解协议约定一方当事人向另一方当事人支付 3 000 元赡养费，但义务人只支付了 2 000 元，这种情况就属于部分履行。

(二)不履行人民调解协议的法律后果

如果拒不履行人民调解协议，或者不按要求严格履行人民调解协议，就要承担法律责任。

1. 人民调解委员会对不履行调解协议行为的处理 如果当事人不履行人民调解协议，人民调解委员会应按下列情况分别处理。

第一，当事人无正当理由不履行协议的，应做好当事人的工作，督促其履行协议约定的义务。要发挥基层组织思想工作的优势，对当事人晓之以理、动之以情，讲明利害关系，促使当事人及时、全面地履行人民调解协议。

第二，如当事人提出协议内容不妥，并要求变更协议内容的，应在征得双方当事人同意后，经再次调解变更原协议内容，或者重新达成新的调解协议。

第三，对经督促、协调、教育仍不履行人民调解协议的，应告知当事人请求基层人民政府处理或向人民法院起诉。

2. 不履行人民调解协议应承担的主要责任形式 不履行人民调解协议的实质就是违约，其应当承担的责任是违约责任。根据合同法的精神，不履行人民调解协议可能引起的责任形式主要包括以下几种。

(1)继续履行 是指在当事人一方不履行义务或者履行义务不符合约定时，另一方有权要求其依据人民调解协议的约定继续履行，另一方有义务继续完成人民调解协议约定的义务。

(2)损害赔偿 是指违约方因不履行人民调解协议或履行人民调解协议不符合约定给对方造成损失，依据法律或人民调解协议的规定应承担的赔偿对方损失的责任。损害赔偿原则上仅具有补偿性而不具有惩罚性，一方违约后另一方必须赔偿对方因违约遭受的全部损害，损害赔偿的目的主要在于填补权利人因违约行为所遭受的损害。当事人在签订人民调解协议时，可以预先约定一方当事人在违反人民调解协议时向对方当事人支付一定数额的金钱或约定损害赔偿的计算方法。在没有约定的情况下，损失赔偿额应当相当于因违约所造成的损失，包括人民调解协议履行后可以获得的利益。

需要注意的是，损害赔偿不得超过违约方签订人民调解协议时，已经预见到或者应当预见到的，因违反人民调解协议可能造成的损失。只有当违约所造成的损害是违约方在签订人民调解协议时可以预见的情况下，违约方才应当对这些损害负赔偿责任。另外，在一方违约并造成损失后，另一方应及时采取合理的措施以防止损失的扩大，否则无权对扩大部分的损失要求赔偿。

(3)支付违约金　是指由当事人通过协商预先确定的，在违约发生后向对方支付一定数额的金钱。违约金必须由当事人在签订人民调解协议时，已经通过协商确定了的，如果当事人事先没有在人民调解协议中约定违约金，即便当事人违反了人民调解协议，也不能要求其支付违约金。这就告诉我们，如果在签订人民调解协议时，你担心对方可能会违约，就应当约定违约金。虽然违约金可以由当事人自由约定，但约定的违约金低于造成的损失的，当事人可以请求人民法院予以增加；约定的违约金过分高于造成的损失的，当事人可以请求人民法院予以适当减少。

3. 不履行人民调解协议的确认机关　到底是不是不履行人民调解协议，以及如何承担责任，应由人民法院来确认。如果按照法律规定，应当由其他有关机关解决，则应当请求相应的机关解决。由于人民调解委员会不是国家机关，因此没有权力确认违约及责任。当事人也没有这个权力，因为当事人之间是平等的。

八、涉及人民调解协议案件的诉讼时效

现在有不少群众对诉讼时效有感性的认识，知道超过期限之后法院就不支持了，这个期限就是诉讼时效。是指如果权利人在法定期间内不行使权利，即丧失请求人民法院保护其权利的法律制度。这里所说的法定期间即诉讼时效时间，只有在该期间内权利人才有权请求人民法院保护其民事权利，超过诉讼时效期间法院将不再予以保护。诉讼时效分为普通诉讼时效和特殊诉讼时效两种，前者指一般情况下为 2 年，后者指在法律规定的个别特殊情况下为 1 年。

（一）人民调解协议的诉讼时效

人民调解协议适用 2 年的普通诉讼时效，也就是说如果认为某一份人民调解协议违法或者对方当事人不履行约定的义务，想请求法院通过诉讼解决，应当在 2 年之内起诉。这里涉及到诉讼时效期间的起算及中止、中断的问题。

1. 诉讼时效期间的起算 又称诉讼时效期间的开始，是指从什么时候开始计算诉讼时效。诉讼时效期间从知道或者应当知道权利被侵害时起计算。知道是明确地知悉权利被侵害。应当知道是法律上的推定，不管当事人实际上是否知道权利受到侵害，只要客观上存在知道的条件和可能，即使当事人没有知道其权利受到侵害，也视为知道并开始计算诉讼时效期间。

2. 诉讼时效的中止和中断 诉讼时效的中止是指在诉讼时效期间即将完成之际，因一定的与权利人无关的事由的发生而使权利人无法行使其请求权，法律为保护权利人而使时效期间暂停计算，待中止事由消灭后继续计算诉讼时效期间。《中华人民共和国民法通则》第一百三十九条规定："在诉讼时效期间的最后 6 个月内，因不可抗力或者其他障碍不能行使请求权的，诉讼时效中止。从中止时效的原因消除之日起，诉讼时效期间继续计算”。由此可见，构成诉讼时效中止的条件包括以下几个方面：一是引起诉讼时效中止的事由必须发生在诉讼时效期间行将届满的最后6个月内。二是引起诉讼时效期间中止的事由是使权利人不能行使其请求权的不可抗力及其他障碍。人类无法抗拒的自然力和某些社会因素称为不可抗力，如洪水、地震、海啸以及动乱、战争等。其他障碍包括权利被侵害的无行为能力人、限制行为能力人、没有法定代理人或其法定代理人死亡、丧失代理权或法定代理人丧失行为能力等。需要注意的是，不是只要一出现上面所说的不可抗力就必然导致诉讼时效的中止，只有在因为不可抗力的影响导致当事人无法行使诉讼权时才能引起诉讼时效的中止。当事人如果想说明自己属于诉讼时效中止的情形，必须说明发生了不可抗力且不可抗力是造成自己未在法定期限内行使诉讼权的根本原因。三是诉讼时效中止的后果是导致诉讼时效期间暂停计算，待影响消除后重新继续计算诉讼时效期间。这里强调的是继续计算，而不是重新计算，这也是与诉讼时效中断的根本区别。

诉讼时效的中断是指在诉讼时效进行中有法定事由发生，此前已计算的时效期间全部归于无效，待中断事由消灭后时效期间重新计算。这里强调的是重新计算而不是继续计算。按《中华人民共和国民法通则》第一百四十条的规定，导致诉讼时效中断的法定事由包括以下几种情况：一是提起诉讼，请求人民法院保护民事权利，这是诉讼时效期间中断的主要原因。二是以通知、催告义务人履行义务、要求侵权行为人承担责任等方式主张权利。三是义务人同意履行义务，包括义务人承认债务、要求延缓履行、提供担保及愿意承担责任等内容。总之，只要在诉讼时效届满之前，当事人主张权利或同意履行义务，就会导致诉讼时效的中断。由此可见，2年时效是指在2年内双方谁都不提履约的问题，2年之后才想起来，法院就不保护了。如果在 2 年之内提起，则从提起之日重新计算诉讼时效期间，这就是所谓的诉讼时效中断的问题。需要注意的问题是打官司要“谁主张，谁举证”，为了说明在诉讼时效届满之前主张过权利，还必须向法院提供证据。

归纳起来看，诉讼时效中止和中断的区别主要有三点：一是导致诉讼时效中止的事由必须发生在期限届满的最后 6 个月内，诉讼中断并没有这个要求；二是导致诉讼时效中止的事由是不可抗力及其他客观原因形成的障碍，导致诉讼时效中断的事由是基于双方当事人的主观原因；三是诉讼时效的中止是期间继续计算，诉讼时效中断则重新计算。

(二)原纠纷的诉讼时效

原纠纷的诉讼时效是人民调解协议所要解决纠纷的诉讼时效。最高人民法院《人民调解协议若干规定》对原纠纷的诉讼时效做出如下规定。

1. 原纠纷的诉讼时效因人民调解委员会调解而中断 诉讼时效中断的效力是使此前已计算的时效期间全部归于无效，待中断事由消灭后时效期间重新计算。权利人向人民调解委员会申请调解，一般认为与提起诉讼具有同等的效力，所以也能产生原纠纷诉讼时效中断的后果。

2. 调解协议被撤销或者被认定无效后，当事人以原纠纷起诉的，诉讼时效自调解协议被撤销或者被认定无效的判决生效之日起重新计算 人民调解协议被撤销或者被认定无效后，原纠纷并没有得到解决，也不应因为进行了调解而不保护原纠纷中的权利人。所以，在人民调解协议被撤销或者被认定无效后，当事人不愿再通过调解的方式解决纠纷而向人民法院起诉的，诉讼时效自调解协议被撤销或者被认定无效的判决生效之日起重新计算。

九、涉及人民调解协议案件的起诉与受理

当事人一方向人民法院起诉，请求对方当事人履行调解协议的，或请求变更或撤销调解协议，或请求确认调解协议无效的，人民法院应当受理。凡是在人民调解协议签订后，因人民调解协议的效力、履行等问题又发生纠纷的，任何一方都有权向法院起诉。

法院实行“不告不理”的原则，要想通过诉讼程序得到法律的保护，必须向法院提起诉讼。起诉是公民、法人或者其他组织认为自己的合法权益受到侵害，或者在民事权益与他人发生争议时，以自己的名义请求人民法院通过裁判保护其权利的诉讼行为。人民法院对起诉进行审查之后，对符合法律规定的起诉予以受理从而引起诉讼程序的开始。

十、涉及人民调解协议案件的审理程序

基层人民法院及其派出的人民法庭审理涉及人民调解协议的民事案件，一般适用简易程序。

简易程序是相对于普通程序而言的，是基层人民法院和它的派出法庭审理简单民事案件所适用的程序。简易程序只适用于审理事实清楚、权利义务关系明确、争议不大的简单民事案件。涉及人民调解协议的民事案件，已由人民调解委员会进行调解，双方已经达成了人民调解协议，一般都符合上述标准。

需要注意的是，并非所有涉及人民调解协议的案件都适用简易程序，一些案件复杂、影响较大的涉及人民调解协议的民事案件不宜用简易程序进行审理，而应用普通程序。

十一、涉及人民调解协议案件的举证责任

我国民事诉讼法规定，在民事诉讼过程中，当事人对于自己提出的事实主张，应当提供证据加以证明。《最高人民法院关于民事诉讼证据的若干规定》第二条规定：“当事人对于自己提出的诉讼请求所依据的事实或者反驳对方诉讼请求所依据的事实有责任提供证据加以证明。没有证据或者证据不足以证明当事人的事实主张的，由负有举证责任的当事人承担不利的后果”。这就是我们通常所说的“谁主张，谁举证”。意思是说无论原告还是被告，谁向法庭提出主张，谁就有义务拿出证据证明自己说的是真的。如果拿不出证据，法庭就不会支持，也就是说可能败诉。

当事人起诉请求对方履行调解协议，应当向法庭提供人民调解协议。如果对方当事人反驳，应当举证证明其反驳所依据的事实。例如，可以证明未达成人民调解协议，或者人民调解协议事实上已经履行，或者人民调解协议是无效的。

十二、人民法院对人民调解协议变更、撤销和无效的告知

人民法院审理涉及人民调解协议的民事案件，调解协议被人民法院已经发生法律效力的判决变更、撤销，或者被确认无效的，可以适当的方式告知当地的司法行政机关或者人民调解委员会。

根据《中华人民共和国民事诉讼法》和《中华人民共和国人民法院组织法》的规定，人民法院要指导人民调解委员会的工作。人民调解协议被人民法院已经发生法律效力的判决变更、撤销，或者被确认无效的，说明人民调解委员会的调解工作存在问题，应当注意进一步改进。人民法院以适当的方式将案件审理的结果告知当

地的司法行政机关或者人民调解委员会，可以促使人民调解委员会从中总结经验教训，不断提高调解工作水平，使人民调解制度发挥更大的作用。

参考文献

1. 范愉．非诉讼纠纷解决机制研究．北京:中国人民大学出版社,2005

2. 何兵．现代社会的纠纷解决．北京:法律出版社,2003

3. 宁致远．法律文书写作．北京:北京大学出版社,1999

4. 强世功．中国调解制度研究．北京:中国法制出版社,2001

5. 潘允康．家庭社会学．天津:天津社会科学院出版社,2002

6. 柴建国．民商案件举证要点与调解技巧．北京:人民法院出版社,2003

7. 刘敏．当代中国的民事司法改革．北京:中国法制出版社,2001

8. 胡锡庆．司法制度热点问题探索．北京:中国法制出版社,2002

9. 陈运生,田赞．农村民事纠纷的非诉讼解决机制．湖南省公安高等专科学校学报,2001.13卷,3期

10. 杨军．城市郊区化进程中出现的问题及对策．小城镇建设,2004,2期

11. 刘筱文．“法”与“情理”的选择．天津商学院学报,23卷,6期

12. 史凤学．调解员的言辞表达．人民调解,2001,1期

13. 周洪林．浅谈调解的几种方法．人民调解,2001,1期

14. 王子州,张启任．调解矛盾纠纷的十种方法．人民调解,2002,8期